JN044309

Number_i

—等身大の3人—

NUMBER_i × REAL_i

石井優樹

太陽出版

プロローグ

Number_iのデビュー曲『GOAT』公式ミュージックビデオのYouTube動画再生回数は公開から1ヶ月間で3，200万回再生を超え、2月5日に公開されたオフィシャル・コレオグラフィー・ビデオは公開1週間で300万回再生を突破。さらに予告編やショート動画などの公式関連動画を含めると、総再生回数の合計は4，000万回再生を超えていた。

「『GOAT』は『自分たちはスタート地点に立ちながらも、この楽曲はGOAT（最高到達点）にある』――と宣言する、時代を変革する可能性の高いナンバーです。映像監督・児玉裕一氏がディレクションしたミュージックビデオはその再生回数が示す通り、ファンのみならず一般視聴者からも〝カッコよすぎる！〟と支持されています」（人気放送作家）

音楽活動の開始にあたり、平野紫耀は――

『お待たせしました!
僕たちの初デジタルシングル『GOAT』がリリースされましたー!!!
今の僕たちがまじで詰まってます!
楽しんでねっ!』

――と、Instagramでコメント。

神宮寺勇太も――

『この楽曲は全編ラップというだいぶ尖った曲になっています！
自分たちが好きということもありますが、挑戦という意味も込めてこの曲にしました』

――と、楽曲候補からの選別理由を明かし、さらに――

『全編ラップですが、３人それぞれの個性が爆発しています！
何度聞いても楽しめるので、楽しんでください！』

――とのメッセージを出した。

そして岸優太も――

『皆さんお待たせしました!!
ついに『GOAT』がリリースされます!!
この曲は、依存性がありますので注意してください笑笑笑笑
いやたくさん聞いてください!!』

――と、彼独特の表現で、

『リアルに何度も聴きたくなる曲間違いなしですのでぜひよろしくお願いします!!
ちなみに僕たちは、おそらく千回は聞いてます。
それに勝てたら大したもんですね笑笑笑笑笑
ぜひぜひよろしくお願いします!!』

――などと笑わせてくれた。

一方、これまでにミュージックビデオ映像監督として安室奈美恵、石川さゆり、エド・シーラン、サカナクション、椎名林檎、DREAMS COME TRUE、Vaundy、Perfume、藤井風、Base Ball Bear、POLYSICS、Mr.Children、宮本浩次、YUKI、米津玄師、山下達郎、RADWIMPSなど錚々たるアーティストのミュージックビデオに携わってきた映像監督の児玉裕一氏はNumber_iと仕事をした感想を話している。


『Number_iの3人、コレオグラファーさん、スタイリストさんと何度も顔を合わせながら、みんなで少しずつイメージをふくらませていきました。

これが彼らの答え、そして彼らの新しいやり方。

これまでもこれからもすべてひっくるめて堂々と前に進んでいく。

そんな覚悟と清々しさと可能性が溢れちゃってはみ出しちゃって、とても映像には収まりきってません。

Number_iやばい。

本物の才能を持つプロ中のプロ」

2024年、デビュー曲『GOAT』とともにスタートを切り、3月には事務所ライブではあるものの、東京ドーム4Daysと、King & Prince時代でも経験したことがない大舞台を踏むNumber_i。

今年の飛躍を疑う者は、もはやこの世界には存在しないだろう——。

目次

125 岸優太

3RD CHAPTER YUTA KISHI

Number_i
×
Real_i

1ST CHAPTER

平野紫耀

SHO HIRANO

NUMBER_i x REAL_i

日本を代表する〝ファッション・アイコン〟として世界デビュー！

『イヴ・サンローランといえば、ほとんどの人が知ってる超有名ブランドじゃないですか。
フレグランスの〝イヴ・サンローラン・ボーテ〟初のアジアアンバサダーに指名していただき、
そのアンバサダー就任会見がNumber_iを結成して初めての公式会見だったこともあって、
俺の中ではイヴ・サンローランというブランドが〝特別オブ特別なブランド〟になりました。
関西Jr.に入った頃、俺自身は全然子どもでしたけど、今のWEST.の中間（淳太）くんや、
濵田（崇裕）くんの残り香がめちゃめちゃイイ匂いで、めっちゃ大人だったんです。
それで「何の匂いですか？」って聞いたら、「サンローランや」って教えてくれて、
そのときに「俺も大人になったらサンローランつける」――って憧れのブランドになったんです。
だからその世界観の中に入れるのはすごく光栄なことですごく嬉しかった。
子どもの頃から感じていたクールでラグジュアリーなイメージや魅力を、
アンバサダーでいる限りは、自分なりに上手く表現していきたい』〈平野紫耀〉

2024年1月からアジア初の〝イヴ・サンローラン・ボーテ〟アンバサダーに就任している平野紫耀。

かねてから『イヴ・サンローランでは特にフレグランスに親しみがある』と発言してきた裏には、旧関西ジャニーズJr.時代の体験があった。

『俺はとにかくフレグランスの匂いが好きなので、
自分の体はもちろん、部屋の中にも常に香りがあるほうが安心するんです。
別にアンバサダーだから言うわけじゃなく、
その中でもイヴ・サンローラン〝リブレ〟のバニラベースをすごく気に入っていて、
これはもう、俺の〝勝負香水〟です』

耳の裏や首筋はもちろんだが、手の周辺につけるときはオーソドックスな手首の裏側ではなく、手の甲につけるのが平野流。

『俺たちはやっぱりマイクを手持ちでパフォーマンスしたりトークしたりするので、緊張感のある場所でもいい香りをかぎながら自分のペースに持っていける感じが安心する。またマイクを持たずに踊るときも、手のアクションに合わせて自分の周囲にオーラのように匂いが広がる。パフォーマンスするときは足首にもつけて、下から上がってくる匂いも堪能してますね』

――と話す平野紫耀。

世界的知名度のフランスのラグジュアリーブランド、イヴ・サンローランが展開するビューティーライン〝イヴ・サンローラン・ボーテ〟だが、そもそもイヴ・サンローランは、フランスのファッションデザイナーであるイヴ・サン＝ローランと、恋人で資産家のピエール・ベルジェによって1961年に創設された高級ファッションブランド。1961年の創設当時はオートクチュール・メゾン専門のブランドだったが、1978年に開設されたメイクアップラインを源流としているのが、平野紫耀がアンバサダーを務める『イヴ・サンローラン・ボーテ（Yves Saint Laurent Beauté）』。

平野はフレグランスの〝リブレ〟のみならず、アイコンリップの〝ルージュ ピュールクチュール〟WEB CMにも出演。

ブランド側は平野紫耀の起用理由について、

「当社のメイクアップラインは若々しくエッジーでラグジュアリーなだけではなく、これまでになくシックで洗練されたイメージを理想とするブランド。平野紫耀さんはそれらを体現する完璧なアンバサダーです。世界に羽ばたく絶対的なアイコニック・スターに相応しいユニバーサルなカリスマ性、誰をも惹きつける大胆で自信に満ちた力強い存在感を兼ね備えたスター。彼のスタイルはとてもエッジーで同時にクチュール。そのクリエイティブな二面性こそ、私たちがずっと待ち望んできたものなのです」

――と説明している。

そしてこの〝ルージュ ピュールクチュール〟WEB CMついて平野はこう話す——。

『自分で言うのも何ですけど、

〝これが本当に俺なの!?〟……って思うくらいクールで素敵な仕上がり。

さらに言うと、「めっちゃカッコよくて新鮮」。

いつもルージュ ピュールクチュールをつけて人前に立つときは、
メイク室を出る直前から自分自身が高まっていく感じがして、
背筋が伸びて自信がついたような気持ちになれる。

だから何かに挑戦する方、気合いを入れて勝負に臨む方には、ぜひとも愛用していただきたい。

鏡を見なくても、自分の内側からパワーが込み上げるのがわかるんです。

女性の方はメイク直しでトイレやドレッシングルームに行かれる方が多いと思いますけど、
このルージュ ピュールクチュールはみんながいる前で塗りたくなりますよ。

〝どうぞご覧ください〟みたいな流し目で、塗っていることを見せたくなるんじゃないかな』

さらにWEBコンテンツ内では、動画と静止画で定番美容液「ピュアショット ナイトセラム」のリニューアルも紹介している平野。

平野紫耀とブランドといえば、2024年1月中旬にパリで開催された〝メンズファッションウィーク〟に参加したことも忘れてはいけない。

「平野くんは2024年1月に〝ルイ・ヴィトン(LOUIS VUITTON)〟とのパートナーシップ契約を締結しました。こちらは残念ながらイヴ・サンローランのように〝アジア初のアンバサダー就任〟ではありませんが、2023年11月に香港で開催されたルイ・ヴィトン・プレフォールコレクションに続き、2回目のファッションショーへの出席となりました。パリには平野くん以外にも岩田剛典さん、横浜流星さん、北村匠海さん、赤楚衛二さんなどが出席していましたが、平野くんは〝ダモフラージュ〟コットンダミエパーカーに細身のタイとシャツを合わせ、都会のモダンアウトドア・スタイルを提唱。さすがのセンスと着こなしはファッション関係者の間でも高評価だったと聞いています」(フジテレビ関係者)

そんな平野紫耀はルイ・ヴィトンとパートナーシップ契約を結んだ際、自身のInstagramに——

『〝旅の真髄（こころ）の精神を受け継ぐルイ・ヴィトンの世界を、
これから皆さんにお伝えしていきます！
ぜひ一緒に楽しみましょう！』

——と投稿すると、コメント欄にはファンからの祝福が殺到。
イヴ・サンローラン、ルイ・ヴィトンの二大ブランドと深く関わりを持つ平野紫耀は、まさに日本を代表するファッション・アイコンとして世界デビューを果たしたのだ！

CM業界〝Number_i時代〟到来！

本書エピローグでも関連情報に少し触れているが、2024年2月に入り、平野紫耀が立て続けに2本のテレビCMに出演を果たしたことは皆さんもご存じだろう。

「何よりも注目されているのが、まずYouTube公式チャンネルでの『とべばん』生配信直前から、サントリーのジャパニーズ・ジン『翠（SUI）』のテレビCMがオンエアされていることです。平野くんにとってTOBE所属後初のテレビCM出演となったのはもちろん、皆さんの記憶にも新しいかとは思いますが、スポンサーのサントリー社といえば、あの2023年9月7日に行われた旧ジャニーズ事務所の記者会見直後、どこよりも早く〝反ジャニーズ〟の姿勢を露にした企業です。そのサントリーが平野くんを自社製品の広告キャラクターに起用したことは、STARTO ENTERTAINMENTではなくTOBE支持の姿勢を打ち出しているに等しい」

そう言ってCM業界ウラ事情を明かすのは大手広告代理店担当者氏。

「ファンの皆さんの中からは〝ジンのCMに起用するなら、紫耀くんじゃなくてジンくんだったでしょ〟などという声も上がっていると聞きますが、今後は平野くん単独やNumber_i 3人、先輩の三宅健くんや北山宏光くん、さらにはIMP.や大東立樹くんなどTOBE所属アーティストがサントリー社のCMに起用される未来を期待したいですね。何せ清涼飲料水からアルコールまで、あらゆる飲料を網羅しているのですから」（同大手広告代理店担当者）

そもそもジンとは17世紀初頭に西ヨーロッパで生まれた、大麦、ライ麦、ジャガイモなどを原料とした蒸留酒。中世の西ヨーロッパでは主に薬膳酒として使用され、今ではそのまま飲用するだけではなく、ジントニックやジンフィズなど多くのカクテルの材料としても使われている酒類の一種。

『〝ジン〟ってイメージとしては〝強いお酒〟のイメージがあったんだけど、匂いもそんなにアルコールアルコールしてないし、俺もよくジンベースのカクテルを飲んだりしてる。これがまた、薄暗いバーの間接照明に映えるのよ』〈平野紫耀〉

今回、皆さんが最も多く目にしているであろうサントリー・ジン『翠』テレビCMは、30秒バージョンの『平野紫耀はじめての翠ジンソーダ』篇だろう。

居酒屋で翠ジンソーダを注文した東京03・角田晃広が、その口当たりを「まるで清流」と漏らすと、いきなり割り込んできた平野紫耀が『いと清々し。』とひと言。その様子を見た角田が「それ、俺も使っていい？」と話しかけるなど、ミニコントのような軽妙なやり取りが見どころとなっている。

またオンエアに先駆け、平野紫耀が商品で顔を半分隠した巨大広告が渋谷に展開されたことでも大きな話題となっていた。

『角田さんのお芝居、めっちゃ面白くて楽しかった。
東京03さんの生ライブは見に行かせてもらったことはないけど、ずっとテレビで東京03さんのコントは見ていたからね。
俺、サンドウィッチマンさんとか東京03さんとか、お芝居が上手いコントやお笑い、大好物だから』

――そう話す平野紫耀。

CM撮影現場での角田晃広との絡みについては、このあとのエピソードで詳しく触れてみたいと思う。

そしてサントリー『翠』のテレビCMと同じく2024年2月10日に発表されたのが、デジタルハリウッド大学のCM「みんなを生きるな。自分を生きよう。2024」篇だ。こちらは30秒版のCMがWEBで公開され、2月16日夜に〝一夜限定〟で60秒版のテレビCMが放送された。

そのデジタルハリウッド大学のCMに平野紫耀は、後輩の相談に乗る先輩役として出演。

将来について悩む後輩に対し——

『本気で夢を追うって、簡単じゃないんだってマジで。

でもその夢を実現できたら、きっと〝最高だ!〟って思えるんだよ』

——とアツく語りかける。

そして——

『自分の道は、自分で選ぶしかないでしょ!』

——と、後輩にエールを送る内容になっている。

『俺たち3人の中ではジンが一番デジタルに強いけど、
もっと強いのが滝沢社長。
そのうちデジタルハリウッド大学の講師になったりしてね。
……まあそんなジョークはともかく、
本気で夢を追い、叶えられるだけの環境がデジタルハリウッド大学にはあると思う。
TOBEもこれから〝TOBE生え抜き〟の後輩がどんどん増えていくと思うけど、
Number_iはそんな後輩たちにカッコいい背中を見せられるように。
CMで語ったセリフは台本ではあるけど、
後輩にエールを送る気持ちは本物だよ』

さらに、すでにNumber_iの3人で〝某大手ファストフードチェーンのCM〟に内定し、撮影も終了。この春にはオンエアの予定と聞いている。

「先のサントリーに始まり、故ジャニー喜多川氏の性加害を認める会見以降、旧ジャニーズ事務所所属タレントが出演するCMがほとんど立ち消えになり、2023年12月には旧ジャニーズ所属タレントのマネジメントを行うSTARTO ENTERTAINMENTが設立されたものの、打ち切りになったCM起用が復活する話は聞こえてきません。またなぜかSTARTO ENTERTAINMENT設立と同時期から旧ジャニーズタレントの熱愛発覚といったスキャンダル報道も多発し、企業側としても積極的に起用する理由がないのも本音。今回、ファストフード会社のCMに旧ジャニーズではなくスキャンダルのないNumber_iが内定したのには、そういった事情もあるのかもしれませんね」（前出大手広告代理店担当者）

今後、Number_iを中心としたTOBEメンバーの露出が増えるのは、もはや当たり前の時代になりそうだ。

Number_iがこれからどんなCMに起用されていくのか、楽しみにしよう。

平野紫耀が語る〝Number_i の原動力〟

先ほどのエピソードでもお話ししたが、2024年2月からオンエアまたは公開されているCMに対し、平野紫耀は——

『意識的に別の面を強調するように（CM）監督さんと話し合った』

——と、積極的に関わっていたことを明かしてくれた。

『まずサントリー・ジン〝翠〟のほうは、
コントやお芝居で実績のある東京03・角田さんとの共演だったから、
コミカルなお芝居では敵わなくても、
存在感では決して引けを取らないように頑張った』

東京03はリーダーで主にネタ作りを担当するツッコミ担当の飯塚悟志、ハイテンションなボケを担当する角田晃広、こちらもボケ担当だが、主に女性キャラクターを演じる豊本明長の3人組で2003年に結成され、2009年にはTBS系でオンエアされているお笑い賞レース〝キングオブコント〟で優勝。その他にも数々の賞を受賞するコント界の第一人者だ。

「東京03は日常に潜む何気ないシチュエーションを描いた究極のリアル系コントが売りで、コントの中ではそれぞれの本名を使用していることも特徴です。中でも角田さんの〝テンションは高いけど騒々しくはない〟演技力は早くから役者として評価されていて、これまでにもあの『半沢直樹』をはじめゴールデンタイムの連続ドラマからスペシャルドラマ、NHK大河ドラマ（『いだてん』『どうする家康』）まで引く手あまた。またテレビCMもチョーヤの梅酒からダスキン、NTTドコモ、ダイワハウス、オープンハウス、クラシエフーズ、日本スポーツ振興センター（MEGA BIG）、LINEと有名企業からのオファーが絶えません」（お笑い作家）

そんな角田晃広はサントリー・ジャパニーズジン翠のCMでは平野紫耀の〝先輩〟にあたる。

『居酒屋で飲むジンソーダ～それはまだ、流行っていない～』篇と『食べる食べる食べる～ご当地居酒屋メシ当たる！～』篇では女優の桜井ユキと共演し、『ホアジャオな出会い～それはもう、流行っちゃうかも～』篇と『鍋には翠が♪おいすぃぃ～なべなべスイスイの歌～』篇では、同じく女優の夏帆と共演。そして今回、『平野紫耀はじめての翠ジンソーダ』篇で平野紫耀と共演。角田はこのシリーズに2020年10月から出演しているので、現時点では平野よりも角田のほうが〝翠の顔〟といえるだろう。

お笑いタレントや芸人は舞台の裏側では〝大人しい〟〝静か〟〝無愛想〟などとよく言われるが、角田は年令が50才と平野の〝父親世代〟でもあり、撮影現場では何かと気にかけてくれたそうだ。

『角田さんは本当に優しくて、久々にCMの現場で緊張していた俺にたくさん話しかけてくれた。
でもいきなり「〝角田広辞苑〟って知ってる？」とか、
「芸能界で有名な〝島田紳助vs東京03事件〟の真相知りたい？」――と言われても、
正直どっちも知らないから逆に困った（苦笑）』

――CM撮影現場を振り返る平野紫耀。

〝島田紳助vs東京03〟事件についてはググれば出てくるが、〝角田広辞苑〟とは一体何のことなのか？

『角田さんってこれまで女性アイドルグループさんと何回も共演してるそうなんだけど、その現場で仕事について悩んでるメンバーさんに〝名言〟のアドバイスを贈ってきて、〝角田広辞苑〟はそれをまとめたものらしい。

でも〝広辞苑〟って分厚い辞書だから、名言とは直接関係がない気もしない？

中を見たら名言も載ってるんだろうけど』

なるほど〝角田広辞苑〟とは、ひと言でいえば「アドバイス名言集」のようなものか。

『翠の〝新・清々しい人〟に俺が相応しいって何度も褒めてくれたし、

これからは〝CMキング〟の座を俺に明け渡してくれるらしいよ。

ドラマでは先輩の松岡昌宏くん、松本潤くん、有岡大貴くん、山田涼介くん、

中島裕翔くんたちと共演していて、次は俺とガッツリ共演したいって言ってくださった。

それは俺としても望むところだね』

そしてもう一本、デジタルハリウッド大学の『みんなを生きるな。自分を生きよう。』というコンセプトメッセージは、自分の夢を追い続ける平野紫耀の生き方そのものを表している。
それゆえCM内で語られる言葉の数々も、平野が自身の経験をもとに語っているかのような説得力に溢れている。

『もちろん台本ではあるんだけど、
最終的なセリフ決めの直前に（CM）監督さんとジックリと打ち合わせをして、
俺が一番喋りやすい言葉にアレンジさせてもらった。
特にYouTubeで公開されている
『〝みんなを生きるな。自分を生きよう。2024〟篇』のインタビュー映像は、
人生の選択に悩む人へのメッセージとして――
「本当にやりたいことなのであれば、これで失敗してもいいと思えるはずなんですよ」
――っていう返し（セリフ）は、120％自分の言葉』

――自らの言葉だと明かす平野紫耀。

とはいえ、本当なら誰だって、できれば失敗しない人生を歩みたいところ。

『そりゃあ俺だって失敗はしたくないけど、
それが怖くてトライやチャレンジしなくなるのは違う。
俺たちのような仕事はファンのみんなに支えられている限り、
現状維持や安全な道を選んでも怒られない。
でも何もせずに待っているだけでは夢は叶わない。
夢を叶え、ファンのみんなにより楽しんでもらうためには少しずつでも行動することが大事。
俺は野球のことにそんなに詳しくはないけど、
ロサンゼルス・ドジャースの大谷翔平選手は何度空振りしても諦めずに打席に立つし、
だからこそメジャーリーグのホームラン王にもなれた。
結果がどうであれ、〝チャレンジする姿が勇気を与える〟と俺は信じてる。
だからトライとチャレンジをやめないよ。これから先も』

――力強く語った平野紫耀。

TOBEに合流、再出発を果たした平野紫耀と神宮寺勇太、岸優太もまた、夢を追い続けている最中にいる。

Number_iの3人が以前から語っている〝海外での活動〟も夢の途中にある。

CMのセリフ通り、本気で夢を追うことは簡単ではないし、すぐに結果が出るわけでもない。

まわりから反対されることも、アンチから好き勝手言われることもある。

それでも現状から一歩踏み出し、チャレンジを続ける勇気こそが、Number_iの原動力になっているのだ。

『ある意味俺たちは、自分たちの言動でみんなの背中を押すことが最低限の目標とも考えているよ。
その選択が正しいかなんて、今の時点じゃ誰にもわかんない。
だからこそ、選んだ道を自分たちで正解に導く。
常に理想の自分、最高の自分を思い描きながら。
〝失敗が怖い〟なんて、俺に言わせれば人生損するだけだもん!』

皆さんの心にも、この平野紫耀の力強いメッセージが届いてくれたことだろう——。

平野紫耀とNumber_iが生み出す〝新鮮な化学反応〟

2024年3月2日土曜日に生放送されたNHK総合テレビジョンの音楽番組『Venue101』(ベニューワンオーワン)に、グループ結成以来、初のテレビ出演を果たしたNumber_i。

「『Venue101』は2022年4月クールからレギュラー放送されている生放送の音楽番組で、通常の20分枠でのオンエア以外にも、今回Number_iが出演した5分拡大バージョン、公開収録の『Venue101 EXTRA』、1組のアーティストにスポットを当てる『Venue101 Presents』などの派生番組があります。番組タイトルの『Venue』は〝会場〟の意味を持つ英単語で、NHK放送センターの101スタジオから生放送されるところから命名されました」

(ベテラン音楽ライター)

拡大バージョンを含む通常回の番組MCは、かまいたち・濱家隆一と元乃木坂46の生田絵梨花。

『『Venue』さんって確か、
King & Prince時代に2回ぐらい出させてもらったんじゃないかな?
1回は濱家さんも生田さんもいなくて、
King & PrinceのリクエストLIVEみたいなヤツだったけど。
正直、曲名まではちゃんと覚えてないけど、
メドレー入れて5~6曲やらせてもらった覚えがある』〈平野紫耀〉

それは2022年6月18日にオンエアされた、記念すべき第1回目の『Venue101 Presents』。

『koi-wazurai』から『ichiban』、メドレーで『シンデレラガール~I promise~踊るように人生』を。そして『Lovin' you』『NANANA』『Focus』のラインナップだった。

「Number_iの3人がKing & Princeから脱退する2023年5月22日の直前、5月20日の通常回にも出演しています。そのときは『ichiban』『シンデレラガール』『Beatiful flower』の3曲を披露したように記憶しています。当時、司会のかまいたち・濱家さんは、大阪のレギュラー番組の現場で『**キンプリの平野くん、めっちゃカッコよかったわ。あれがホンマのアイドルやねんな。俺とか大阪で康二(向井康二・Snow Man)や丈一郎(藤原丈一郎・なにわ男子)のこと昔から知っとるけど、アイツらとは持ってる資質が違いすぎる。もちろん康二も丈一郎もええヤツで、立派にアイドルしとるねんけどな**』――なんて、興奮気味に話していたそうです。実物の平野くん、衝撃を受けるほどカッコよかったのでしょう」(同ベテラン音楽ライター)

Number_iとして『Venue101』に初出演した3月2日は、『GOAT』のパフォーマンスはもちろん、共演のダンスボーカルグループ「ATEEZ」「THE RAMPAGE」「TWS」とともに4組でのクロストークも展開。

昨年来、SUPER EIGHT(当時 関ジャニ∞)やSnow Man、なにわ男子らが音楽祭で共演したダンスボーカルグループとパフォーマンスのみならずトークでも絡んで新境地を開拓してきたが、Number_iも彼らに倣い、一つの壁を乗り越えられた感がある。

「もともと番組コンセプトが〝音楽がもっと楽しくなる番組〟ですから、パフォーマンスとトークのバランスがとてもいい。また生放送ならではのSNSを活用した視聴者企画も好評で、今のNumber_iの活動形態やSNS戦略、YouTube戦略とも相性がいい。上質な音楽と情報をサブスク世代に届ける番組なので、さすが滝沢秀明社長の売り出し方は的確です」(同前)

この日の『Venue101』は、自宅にいたギョーカイ人ほとんどがチャンネルを合わせていたと聞いている。

「みんな口を揃えて〝MVもカッコよかったけど、実際のパフォーマンスは何倍もカッコよかった〟とコーフンしていましたね」(同前)

Number_iが民放の音楽番組を席巻する日は近いかも。

『ファンの皆さん、そして一般視聴者の皆さんが俺たちのテレビ出演を期待してくださってる声は、メンバーそれぞれのSNSにもたくさん届いてます。
とてもありがたいですね』

平野紫耀は音楽番組初出演に対する感謝をファンに伝えつつも、こう続けた——。

『でも正直、俺たちの間ではそこまで音楽番組に強いこだわりはないんですよね。

もちろん出させていただくに越したことはありませんし、

その際には全身全霊、全力でパフォーマンスさせていただきたい。

とはいえ『GOAT』の場合、特にMVに自分たちのやりたいこと、

表現したいことを詰めまくったので、作品としてはそちらを楽しんでいただきたい気持ちが強い。

それとこれはKing & Princeの頃から感じてはいたんですけど、

テレビの音楽番組って、基本は新曲をリリースしたタイミング、

その前後でしか呼ばれないイメージがある。

俺たちに限らずアーティストは新曲リリースのときしか働いていないわけじゃないし、

そのリリースのタイミングもアーティストによってバラバラ。

気づいたら〝音楽番組に出るため〟に活動のローテーションが組まれたりしている。

それはNumber_iのポリシーに反する。

だからファンの皆さんは寂しいかもしれないけど、

音楽番組への出演は優先順位がそこまで高くない。

……まあ、あくまでも〝俺の中では〟ですけど（苦笑）』

平野紫耀のその気持ちは十二分に伝わるし、自分たちのやりたい音楽、作りたい作品への〝自信〟も感じる。

『これは少し違う観点からの話ですけど、
『Venue101』のMCをしているかまいたち・濱家さん、
かまいたちさんって、千鳥さんと並んで今日本で一番売れている芸人さんじゃないですか。
音楽とお笑いでジャンルは違うけど、
自分とは別のジャンルでトップを極めた人との仕事は刺激を受けますね。
単純に楽しい。
そういった意味では濱家さんと同じくMCの生田絵梨花さんも、
乃木坂46で女性アイドルのトップに立っていた。
芸能だけじゃなく、クリエイターの方とかファッション関係の方とか、
本当にどんなジャンルの方からも今は刺激を受けたい』

〝そこには何かしら、Number_iに活かせるヒントがある〟――と、平野紫耀は受け止めている。

『Venue101』に出演することが決まった際、共演に旧ジャニーズ事務所以外の、他事務所のダンスボーカルグループの名前が記されていることを知ったときも――

『本当に昔から（旧）ジャニーズ以外の関わりがなかったから、めっちゃ〝どんな感じ〟か好奇心がある』

――と話していた平野紫耀。

『（滝沢秀明）社長にもお願いしてるんだけど、機会があったらドンドンと今まで知らなかった人、関わりがなかった人と仕事がしてみたい。そういうのってさ、（旧）ジャニーズ育ちには新鮮なのよ』

平野紫耀とNumber_iが生み出す〝新鮮な化学反応〟に、ファンの皆さんも期待しているに違いない。

〝SNS投稿〟平野紫耀の本音

2024年1月23日にInstagramアカウントを開設、1ケ月間で約115万人のフォロワーを集めたのがKing&Princeの永瀬廉。

「髙橋海人くんと合わせ、2月下旬現在で約210万人のフォロワーを集めています。そもそもKing & Princeにはまだ5人組時代の2021年5月に開設したグループのオフィシャルアカウントがあって、そちらでは約230万人のフォロワーを抱えています。これまでは永瀬くんも髙橋くんもオフィシャルから情報を発信してきましたが、オフィシャルは専任のスタッフがアカウントを回しているので、2人が自由に発信していたわけではない。今はそれぞれの個人アカウントですが、2人はともにInstagram初心者というか、特に永瀬くんには一歩間違えれば炎上しそうな危うい投稿が目立ちます」（TBSテレビ関係者）

さて、平野紫耀のエピソードでなぜ永瀬廉のＩｎｓｔａｇｒａｍアカウントに触れたかというと、その〝一歩間違えれば炎上〟の火花が、平野紫耀に飛び火しかねない投稿がなされてきたからだ。

「まずは永瀬くんがアカウントを開設してから1週間ほど経った1月29日、彼は赤いカラーコーンの写真をＩｎｓｔａｇｒａｍストーリーズに投稿。このコーンの〝赤〟が、同日の1月29日に誕生日を迎えた平野紫耀くんの（Ｋｉｎｇ ＆ Ｐｒｉｎｃｅ時代の）メンバーカラーであったことから、ファンの皆さんの中には〝廉くんから紫耀くんへの誕生日祝福メッセージ〟と受け止める人が多かったのです。ところが一部の過激なアンチファンは、逆に〝Ｋｉｎｇ ＆ Ｐｒｉｎｃｅをやめていった紫耀くんを祝うのは許せない〟との騒ぎを起こしました。そもそも本当に平野くんの誕生日を意識したものかどうかも永瀬くんにしかわかりませんし、その騒動について（永瀬側が）わざわざコメントを出すほどのことでもありません。最初はこの程度だったのですが……」（同ＴＢＳテレビ関係者）

同じＩｎｓｔａｇｒａｍでも24時間で自動的に消去されるストーリーズへの投稿だったことが、余計に〝匂わせ〟感を出してしまったのだろう。

さらに2月に入ると、永瀬がルイ・ヴィトンのダミエ柄新作バッグを身につけた写真を投稿したことでも、ルイ・ヴィトンとパートナーシップを締結している平野紫耀へのメッセージだと騒がれてしまう。パリでのファッションウィークで平野紫耀がダミエ柄を使用していたことがその理由らしい。

「周囲から見ると単なる〝言いがかり〟としか思えませんが、そこまで気をつけないと騒がれてしまうのは人気者の宿命。ルイ・ヴィトンには有名なLVマークのモノグラム柄や格子のダミエ柄、エピ柄、ヴェルニ柄、タイガ柄などがあり、それらが素材によって様々な組み合わせを生んでいますが、男性が普段使用するものはある程度まで限られてしまう。永瀬くんが持っていた新作バッグのダミエ柄が平野くんのファッションと被るのは仕方がない。そうなると永瀬くん、髙橋海人くんは今後、平野くんとルイ・ヴィトンとのパートナーシップ契約が終了するまではルイ・ヴィトンの商品を身につけることができなくなるのと同じこと。身につけるたびに〝匂わせ〟や〝メッセージ〟だと騒がれてしまいますからね」（同前）

永瀬廉はＩｎｓｔａｇｒａｍの更新頻度が高く、そのバリエーションも豊富。しかしいちいち平野紫耀、そして神宮寺勇太や岸優太とも勝手に結びつけて騒がれてはたまらないだろう。

「まあ平野くんと永瀬くんといえば、旧関西ジャニーズJr.時代からJr.ユニットのKin Kanとなにわ皇子でライバル関係にありましたし、ともに上京してからはMr.King vs Mr.Prince、Mr.KING、King & Princeと同じユニットで活動してきた仲間でしたからね。今のKing & Princeファンにしてみれば、だからこそ2人が今も繋がっていたら許せないのでしょう」(同前)

またTOBE『とべばん』第3弾が生配信された2024年2月14日の前日(13日)にも、永瀬廉のInstagramストーリーズ投稿が平野紫耀、Number_i、さらにはTOBE本体と結びつけて騒がれた。

「その投稿とは、永瀬くんが大量の服を入れた紙袋の写真に〝誰かいる?〟とのコメントを添えて投稿したものです。そこで済んでおけば何もなかったのですが、永瀬くんは〝もし皆さんにあげたら転売しそうだねっ〟〝だからあげられないわぁ〟と続けたのです。これまで旧ジャニーズ事務所所属のアーティストたちは、自ら〝転売〟には触れてこなかった。そこで永瀬くんのこの投稿は〝一部の転売ヤーに対しての牽制〟〝これをハッキリと言えるのが永瀬廉のすごいところ〟〝廉から見たヲタクに転売のイメージがあるってことなんだよね。すごい考えさせられる〟などの声がSNSで話題になりましたが、一方で〝2月14日の前日に（ストーリーズに）上げる?〟〝完全にNumber_iやTOBEに対する皮肉〟との反応も多かった。これは何を意味するのかというと、Number_iは翌日の『とべばん』生配信で3月の事務所コンサート（『toHEROes』コンサート）の詳細に触れるでしょうし、TOBEは積極的にFC会員向けのメンバーグッズを販売しているので、永瀬くんが〝Number_iとTOBEは転売されまくりと揶揄しているに違いない!〟と、今度はNumber_iファンの一部が激怒してしまったのです」（同前）

永瀬廉にはそんな意図はなく、たまたま自分の服を整理していたのが2月13日（あるいは12日とか）だったに過ぎないが、不特定多数が（基本的には）無料で利用するSNSは、使い方次第で諸刃の剣になる典型的な騒動だ。

『俺も廉や海人が匂わせだ何だって騒がれていたことは耳に入ってるし、
少し前には自分も騒がれたからね（苦笑）。
本当にSNSの使い方は難しいけど、
上手く使えばファンのみんなと自分を結ぶ架け橋になる。
だから一つだけお願いしたいのは、
俺らの投稿に俺らがコメントする以上の、変な裏読みをしないで欲しいってこと。
俺が騒がれたときもそうだし、基本、誰かを巻き込んだりするじゃん？
そうじゃないと俺ら、SNS怖くなって投稿しなくなるかもしれない。
そうなったらつまんないでしょ!? めちゃくちゃ（笑）』

この平野紫耀のコメントがすべてを物語っているだろう。

平野紫耀からオーディション生への〝岸には内緒〟のプレゼント

『『とべばん』の生配信がバレンタインデーにあったじゃないですか。
その何日かあとに岸くんから連絡があって、やたらと怒ってんですよ。
で、〝どうしたのかな？〟と思ったら、
オーディション生の藤代くんからチョコをもらったらしいんだけど、
ホワイトデーのお返しに「スニーカーが欲しい」ってリクエストされたんだって。
それが「もとはといえば紫耀のせいだからな！」――って言われて。
……というかスニーカーなんて高くても2万円ぐらいなんだから、
普通に買ってあげればいいじゃん。
藤代くんから見たら、岸くんなんて〝お父さん〟ぐらい離れてるんだから（笑）』〈平野紫耀〉

皆さんも覚えていらっしゃるだろうか?

その〝事件〟は２０２３年12月24日、『とべばん』のクリスマスイブ生配信で起こっていたことを。

クリスマスイブの生配信に登場した、５名のオーディション生。13才でオーディション生最年長の藤代翔真くんを筆頭に、12才の川田瑠輝くん、そして島田泰我くん、松﨑光くん、小助川優くん。

「オーディション生とは、ＳＴＡＲＴＯ ＥＮＴＥＲＴＡＩＮＭＥＮＴの〝ジュニア〟の立ち位置。５人の平均年令は11.６才で、今のジュニアで先頭に立って引っ張っているＨｉＨｉ Ｊｅｔｓ（平均年令22.８才）、美 少年（平均年令21.５才）と比べるとほぼ半分の若さです。最年長の藤代くんでさえ（２０２４年の）春から中学２年生ですから、オーディション生には伸び代と可能性しか感じません」（テレビ朝日関係者）

オーディション生たちは２０２３年12月24日の『とべばん』で、先輩たちへの〝質問コーナー〟にも登場。

最年少の島田泰我が平野紫耀に「ダンスをカッコよく踊る方法」を尋ねると、自身もキッズダンサーの経験がある平野紫耀は——

『日常から（ダンスを）盛り込むしかないんですよ』

——と回答し、実際に自分が小学校の登下校時に後ろから名前を呼ばれて振り向くシーンや、ドッジボールでボールを避けるときのシチュエーションに合わせ、キレキレのアイソレーションを披露し、オーディション生を喜ばせた。

そんな質問コーナーで最年長の藤代翔真が岸優太に——

『サンタさんからもらって1番嬉しかったものは何ですか？』

——と可愛らしく尋ねると、小学生のときは野球をやっていたという岸優太は、最も嬉しかったクリスマスプレゼントをこう答えた。

『トレーニングシューズ』

逆に藤代自身に欲しい物を尋ね、藤代が同様に——

『シューズが欲しい』

——と明かすと、平野紫耀がすかさず——

『岸くんが買ってくれるよ！ 買ってもらいいな』

——と煽ったのだ。

ところが岸は平野の煽り振りに——

『サンタさんが来ることを願いましょう。
夜が楽しみですね』

——と及び腰で〝逃げ〟のリアクション。

これにはNumber_iメンバーだけではなく、TOBEオールスターズ（※全所属タレント）も苦笑いするしかなかった。

SNS上にも「岸くんのコメント、笑える」「本気ではぐらかしてる」「普通は岸サンタが買ってあげるよね？」などの反響が踊った。

「その他には小助川優くんが神宮寺くんにステージに立つ前のルーティンを尋ねると、神宮寺くんは『**サウナ、トレーニング、歯医者……**』――と本気かボケか判断に迷う単語を連発し、逆に神宮寺くんは平野くんに『**(俺にも)ツッコめよ!**』と要求するなど、場を和ませてくれました。それでも優しい神宮寺くんは、小助川くんに『**あえてルーティンを作らないほうが本番に臨める。あんまり作りすぎないほうがいいと思うよ**』――とマジレス。こういうところが神宮寺くんの魅力ですね」(前出テレビ朝日関係者)

もうおわかりだろう。

藤代翔真がバレンタインのチョコを渡しながら頼んだのは、約2ヶ月間に渡る壮大な前振りの続きだったのだ。

『岸くんに言われて俺はすぐにわかったけど、
配信で嫌がってもちゃんと買ってあげてるもんだと思ってたからさ。
逆に驚きだよね。
そうしたら岸くん、
「一人にだけプレゼントするわけにはいかないじゃん」って言うんだけど、
それなら5人全員に買ってあげればいいじゃんねぇ。
だから〝ケチ〟扱いされるんだよ（笑）』

――そう言って笑う平野紫耀だが、実はなんと、滝沢秀明社長を通し、5人全員にレッスンで使う上履きスニーカーをプレゼントしたというではないか！

『俺も東京の（旧）ジャニーズJr.に移籍してすぐ、
名前は出さないけどある先輩にレッスン着のお下がりを何着かいただいて、
憧れの存在の方だったからめちゃめちゃ嬉しかったことを覚えてるんだ。
どんな厳しいレッスンでも、「これを着て頑張ろう！」――と心に誓ってさ。
シューズは俺、小中学生の頃に使っていた小さいサイズとか残してないし、
そもそもサイズを聞き回るのも大変。
私服はＩＭＰ.の（佐藤）新が欲しがるし、
オーディション生にあげたらヤキモチ妬きそうだからね。
で、社長にお金を渡して、それぞれが好きなシューズを選べるようにしたワケ。
あえて岸くんには伝えてないから、岸くんがホワイトデーにお返しするのかどうかが楽しみ。
3月14日って東京ドームの初日（『ｔｏＨＥＲＯｅｓ』）だから、
ほぼ確実に目に入るじゃん』

ちなみに神宮寺勇太には伝えたらしいので、ホワイトデー当日は常時2人から〝岸チェック〟が入りまくることになりそうだ。

平野紫耀とNumber_iが見据える目線の先

2024年1月29日、27才の誕生日を迎えた平野紫耀。

『単なる数字だけでいえば〝27〟って区切りになるわけじゃないし、
あえての記念日的なところはないよね。
ただしNumber_iの一員として迎える初めての誕生日なわけだし、
その意味では超記念日。
同じ1月にNumber_iのデビュー曲がリリースされて、
俺のアーティストとしての人生が新たにスタートした第一歩的な年令になるかな』〈平野紫耀〉

ファンから見れば26才が激動すぎる一年だっただけに、27才からは順風満帆に、その先の28才、29才、30才へと平野紫耀のペースで歩みを進めて欲しいところ。

「今でも忘れられないのは、平野くんがTOBEへの加入を発表したYouTubeチャンネルの生配信で『ファンの皆さんと僕たちでクリエイティブ面でも突き詰めたものを提供して、素敵な時間を作っていきたい』――との抱負を述べた瞬間です。明らかに平野くんの表情は明るく、未来への希望に満ちていた。27才はそのときの抱負（宣言）を形にする年にして欲しいですね」

かつて『King & Prince る。』を担当していた日本テレビの関係者氏はそう語る。

『もともとウチの社長（滝沢秀明氏）が新しモノ好きというか、それまでの常識とか慣例を打ち破っていきたい人だから、すぐにInstagramアカウントを開設させてもらえたのは本当に助かった。俺の責任で発信する場を与えてもらえたからこそ、プライベートショットやダンス動画、インスタライブ、インスタストーリーズでの質問募集とか、ファンのみんなの近くまで行くことができる。質問は大量すぎて、すっかり〝バコプロ（質問箱返答のプロ）〟になれたしね（笑）』

確かにＫｉｎｇ ＆ Ｐｒｉｎｃｅ時代、旧ジャニーズ事務所に所属していた時代には、平野紫耀をこんなにも身近に感じられる日が来るとは想像もできなかった。

『でも社長やスタッフとのミーティングで、

「あまりにも身近になりすぎるとアーティストに必要なカリスマ性が薄まる」って意見も出た。

俺はそこまでとは思ってないし、Number_iが結成されたときに、

「ファンの皆さんと一緒に思い出を刻んでいくグループになるには、苦楽をともにしたい」

「泥臭い俺たちも見てもらいたい」――って気持ちはずっと変わらないから、
そのためにも俺にはＩｎｓｔａｇｒａｍが必要だと感じている。

もちろん音楽制作に関しても、

「突き詰めたもの、振り切ったものをやっていきたい」

「誇れるものを作りたい」

――と話した最初の結果が『ＧＯＡＴ』で、
Number_iの公式ＹｏｕＴｕｂｅチャンネルの結果（再生回数）は、
めちゃめちゃ励みと自信に繋がった』

また他のエピソードでもお話ししているが、平野紫耀個人としても、「ルイ・ヴィトン」とのパートナーシップ締結と「ルイ・ヴィトン」2024秋冬メンズ・ファッションショーへの出席。「イヴ・サンローラン・ボーテ」のアジアンアンバサダー就任など、King & Prince時代から口にしていた〝海外での活動〟が着実に広がり始めている。

『まだ計画段階ではあるんだけど、今年中にアジアツアーに出てみたい。
それはNumber_iでも『to HEROes』でも、どちらでも構わない。
自分たちのやってること、やりたいことをみんなに見てもらって、
そのストレートな反応を全身に浴びたい。
それはステージに立つアーティストに許された特権だから』

――シビれるぐらいカッコいいセリフ。

そういえばTOBEへの加入が発表された際、平野紫耀は「あなたにとってエンターテインメントとは？」という問いかけに――

『皆さんの中で明日が来るのが楽しみになるような存在になること』

――と答えていた。

最近ではそこに――

『何十年後かに振り返ったとき、僕たちを思い出すような存在でありたい』

――とつけ加えている。

『これは俺たちNumber_iの中では当たり前の認識だけど、
俺たちの目線の先には、必ずいつも応援してくれるファンのみんながいる。
俺たちは「どうすればファンのみんなが喜んでくれるか？」を、
優先順位1位において行動しなければならない。
なおかつ俺たちが常に新しい世界を見据え、失敗を恐れずに挑戦する姿を見せられれば、
みんなにも挑戦することの意義や刺激を与えることができる。
Number_iが理想としているのは、そうやってお互いに影響を与えながら前に進むこと』

3月6日には『GOAT』を収録した1stCDがリリースされ、14日から17日にはTOBE所属アーティストが全員出演する『to HEROes～TOBE 1st Super Live～』4Daysが東京ドームで開催された。

「最近、(テレビ)局のメイクルームでヘアメイクさんたちが〝平野くんの金髪が美しすぎる〟〝どこで染めたんだろう？〟などと話題にしています。平野くんには流行やムーブメントを牽引する存在にもなって欲しいですね」(前出日本テレビ関係者)

おそらく近い将来、平野紫耀の一挙手一投足に日本中……いや世界中が注目する日が来るだろう——。

平野紫耀 フレーズ

『大袈裟に〝仕返し〟とまでは言わないけど、俺や仲間にいろいろと陰口を叩いた人たちに対する一番効果的な〝仕返し〟は、俺自身や仲間たち、ファンのみんなが〝幸せ〟になることかな』

King & Princeからの脱退、そして旧ジャニーズ事務所を退所してTOBEへの合流。その過程でさんざん嫌な言葉を浴びせられた平野紫耀だが、今は自分たちやファンが幸せになることで新たな道を歩んでいけると信じている。

『芸能界って競争の世界だけど、
俺は常に〝戦って勝ち抜くこと〟だけを求めるのではなく、
必要のない戦いには最初から参加しない〝勇気〟が必要だと思う』

平野紫耀があえて〝勇気〟と言ったのは、それは撤退することが逃げることだと受け止められがちだから。戦いに参加しない、加わらないことも立派な〝戦い〟の方法なのだ。

『初対面とか2～3回しか会ったことがない、
まだ性格とかよく知らない人がいるじゃないですか。
その人がすごくよく喋っていたとして、
それを〝うるせぇな、この人〟と感じるか、
〝賑やかで楽しい人だな〟と感じるか。
その感じ方は自分次第だけど、
その感じ方の違いで目の前の世界が変わったりする』

これこそが平野紫耀流の物事の捉え方。見る角度を変えることで得られるものや価値観が変わる。

『みんなもさ、起こってもいないことを心配して夜も眠れない、
それって無駄だと思わない？
だって俺たち、超能力で未来が知れるわけじゃないんだもん（笑）』

人生における未来とは、いつも〝今の自分〟が生み出した結果によって左右されるもの。まだ見ぬ未来を心配して夜も眠れなくなるのであれば、その時間で〝今の自分〟を磨こう。

『めちゃめちゃ疲れていなかったとしても、
ちゃんと体を休ませる、緩ませる時間を作るべき。
体が緩めば、緊張していた心も緩むから』

休むことの大切さ。平野紫耀はそれを伝えている。適度な休みで
心身ともにリフレッシュしていれば、心も体も前向きに動けるもの。

『たま〜に外に飲みに行ったり遊びに行ったりするとき、
俺は玄関を一歩出た瞬間から他人に成りすます。
〝成りきりごっこ〟みたいな感じ?
でもそれ、大人だからこそ楽しかったりするんだよね。
ストレス発散にもなるし』

アイドルや俳優は玄関を一歩出れば〝仕事モードの自分〟に適応するとはよく聞く話だが、それをプライベートに当てはめてみる平野紫耀。もちろん羽目を外すためにではない。これも一種の平野流ストレス解消法。

『これ、「オリジナルで気づいたんじゃね？」と思うんだけど、
他人に嫉妬したり羨ましがる人って、
そんだけの〝暇〟が作れる人なんだよね。
だからみんな、どんなことでもいいから、
〝暇じゃなくなる〟達成目標を持とうよ！』

平野紫耀が〝オリジナルで気づいた〟かどうかはさておき、暇な時間が多ければ余計なことを考えがちなのは確か。そして周囲に向けられた嫉妬や羨望は、ネガティブな感情を生んでしまいがちなのだ。だとしたら、他人に嫉妬したり羨ましがる暇などなくなる目標を持ったほうがいい。

『結果的に自分の人生において、
何かを成し遂げられればいいとは思うけど、
俺はそんなトータルの話じゃなく、
〝幸せだなァ〜〟って感じる瞬間を大切に生きていきたい』

自分の人生に何を求めるか、何を目標にするかは人それぞれだが、
平野紫耀が「〝幸せだなァ〜〟って感じる瞬間を大切に生きて
いきたい」というのは、「自分の幸せがファンの幸せにも繋がる」
という考え方の持ち主だから。

2ND CHAPTER

神宮寺勇太

YUTA JINGUJI

時代を背負うNumber_iのAnswer

2024年2月14日に生配信された、『とべばん』第3弾。

「バレンタインデーではありましたが、2月14日は平日（水曜日）。TOBE側はそれを考慮したのか、生配信のスタートを21時からに設定してくれました。これは普段会社員をしているファンにとっては嬉しい配慮で、たとえ残業になってもリアルタイムで見られる可能性も高いし、定時に退社したあと、自宅に戻って翌日の準備を済ませてから楽しめる。過去2回は土曜日と日曜日でしたが、あえてバレンタインデー合わせた意味を感じます」（人気放送作家）

滝沢秀明氏が設立した芸能事務所TOBEの所属タレントによるYouTube配信番組『とべばん』。

2023年12月24日に続く約2か月半ぶりの第3弾は、「『【とべばん】事故りましたw…みんなで立ち向かう『ジェスチャーTOBE』。【新曲、ドラマのご報告有】』と題し、三宅健以下TOBE所属アーティスト全員、北山宏光、Number_i、IMP.、大東立樹の計13人全員が揃った。

こちらもエピローグで触れてはいるが、三宅健や北山宏光が行っている個人生配信とは違い、ロケVTRやひな壇トークなどを中心とした、まるでテレビのバラエティ番組と同じスタイルの配信。加えて進行役MC北山宏光は経験値も実力も十分に兼ね備えているので、そのまま地上波でオンエアできるレベルの配信だった。

「Number_iは公式YouTubeチャンネルを開設しているにも関わらず、そちらでは音楽活動に関する配信ばかりで、生配信はインスタライブで行っています。またIMP.は旧ジャニーズJr.が配信していたバラエティ色の強い配信番組を担当するなど、アーティスト間の役割分担を明確に分けて差別化を図っている。それゆえTOBE所属のグループアーティスト同士、どちらのファンも配信を覗き合って楽しんでいると聞いています」（同人気放送作家）

Number_iから見ると旧ジャニーズ事務所の後輩にあたるIMP.は、2月下旬現在でYouTubeチャンネル登録者数30万人オーバーを数え、初配信から約半年間で170本を超える動画を投稿。総再生回数も約6，700万回再生を記録している。

さて話を『とべばん』第3弾に戻すと、生配信ではそれぞれの活動状況、並びにTOBE東京ドーム公演（3月14〜17日）に向けての準備状況が語られたが、Number_iの3人は元日に公開された配信デビューシングル『GOAT』のミュージックビデオについてアツく言及。

MCの北山から――

『ヘリ飛んでなかった？
あれ見て「（自分とは）予算が全然ちげ〜じゃん！」って思ったんだけど!!』

――とツッコまれると、すかさず神宮寺勇太が、

『安心してください。CGです』

――とリアクション。

〝とにかく明るい安村〟のギャグをアレンジする瞬発力を披露してくれた。

『何も考えてなくて、咄嗟に出たんですよね（笑）。
でもNumber_iのメンバーで俺は、
トークの面で先頭に立たなきゃいけないMC担当、ツッコミ担当だと思ってるし、
紫耀と岸くんはボケ担当に徹してもらえればそれで（いい）』

全編ラップ詞の『GOAT』だが、神宮寺勇太が――

『（ヘリコプターが背後に）飛んでると思わずラップしてました』

――と笑うと、平野紫耀も、

『僕らも監督のサプライズで試写というか、
みんなで（MVを）見て直しを入れるタイミングで、（ヘリが）出てきたんですよ』

――と告白。

岸優太も――

『はっちゃけて、いい意味でクレイジーなキャラクターをやらせてもらいました』

――と撮影を振り返っていた。

そして3月6日には『GOAT』がCDリリースされることを告知。

『今の時代、音楽はサブスクで、MVはYouTubeで配信されることが当たり前になってはいるけど、やっぱりファンの皆さんのお手元に作品として形あるものをお届けできるのは嬉しい。何年か何十年か先、たとえ断捨離されてしまうときが来るとしても、皆さんの人生の一時期、隣に『GOAT』が置かれていることを想像するとめちゃめちゃ感慨深い』

――そう本音を話す神宮寺勇太。

今さらではあるが、ファンの皆さんは全編ラップ詞で構成された『GOAT』を最初に聞いたとき、一番の歌詞が――

『時代を背負う 間違いじゃないこれが俺のAnswer』

――と綴られていたことに何を感じただろうか？


『改めてだけど、本当にCGってスゴいよね。

俺たちはグリーンバック（※収録スタジオの背景色が緑色）でパフォーマンスしていただけなのに、完成したMVを見たら信じられないぐらいの迫力なんだもん。

生配信が終わったあと、IMP.の（佐藤）新が、

「僕らもグリーンバックだったんです」――ってニコニコしながら言ってきたから、
家に帰ってからIMP.の曲、4曲ともYouTubeで見直してみた。

で、どこの場面がグリーンバックで合成されていたか？

「俺の目は騙されへんよ！」――って、今度はミルクボーイさんのネタになっちゃったけど（笑）』

すでに『GOAT』に続く新曲も用意されているNumber_i。

お披露目は東京ドーム公演になる予定だと聞いているが、配信シングルは一般的なCDシングルと比べてリリース時期にフレキシビリティを持たさせられるので、今後のリリースラッシュ、そして世界配信を前提とした作品作りを楽しみにしたいと思う。

SNSと真摯に向き合うNumber_iの覚悟

神宮寺勇太の『安心してください。CGです』のリアクションでお馴染み(?)のNumber_iデビューシングル『GOAT』だが、2024年1月9日、神宮寺勇太は自身のInstagramを2024年初更新するとともに、『GOAT』MV撮影現場のオフショット写真を投稿し、その裏話も明かしてくれた。当然、ファンからは多くの反響が寄せられた。

「2月下旬現在、平野紫耀くんのInstagramフォロワー数約417万人には及ばないものの、神宮寺勇太くんのInstagramフォロワー数は約196万人を誇ります。旧ジャニーズ事務所では目黒蓮くんのフォロワー数約218万人にこそ届きませんが、King & Prince・髙橋海人くんの約94万人にはダブルスコア(倍差)以上の差をつけている。この影響力は絶大です」

(テレビ朝日関係者)

そんな大注目のInstagramに神宮寺勇太が投稿したのは、2023年12月31日にNumber_i公式YouTubeチャンネルで公開された、1stシングル『GOAT』のオフショットが2枚。

1枚目は平野紫耀と岸優太との3ショットで、続く2枚目にはグリーンバックを背景に撮影の準備を進める神宮寺勇太の姿が収められていた。

「2枚目はNumber_iのマネージャーさんが撮影した模様で、神宮寺くんもInstagramのコメントに『**2枚目の吊るされてる写真は、現場でスタッフさんに「上手だねー」って子どもみたいに言われて少し恥かしかった一枚です**』――と明かしています。ほのぼのとした写真の様子とコメントからも、撮影現場の空気感のよさが伝わる一枚でした」(同テレビ朝日関係者)

そんな、まるで子どものような扱いを受けた神宮寺勇太の姿に、Instagramのコメント欄には「2枚目のエピソードが可愛いすぎる」「1枚目の爆イケと2枚目の爆カワ」「あのカッコいいMVの裏側にこんなカワイイが存在していたなんて……」「ギャップに溺れています」など、悶絶するファンのコメントが並んでいた。

『みんなそんなに悶絶してた?
俺には「すごいMVを見せてくれてドキドキしっぱなし」とか、
「ダンスもMVもとってもカッコよかった」とか、
「数えきれないほど毎日リピートしてる」とかの、
Number_iを喜ばせてくれる、
俺たちにとって都合のいいコメントばかり目に飛び込んでくるんだけどね(笑)』

――と言って神宮寺勇太は嬉しそうに笑った。

『ちょっと言い方が悪かったら申し訳ないんだけど、
基本的にはどんなコメント……
たとえばアンチコメントだろうと、反応してもらえるのは本当に嬉しい。
だってみんなの心、感受性を揺さぶったってことじゃん?
アイドルなのにファンの感受性を揺さぶらない、何にも刺さらないとかって、
究極〝アイドルを続ける資格がない〟とまで思うんだよね』

それはあくまでも神宮寺勇太の〝意見の一つ〟に過ぎないとは思うけど、言ってる意味はわかる。

『前に紫耀や岸くんとお酒を飲みながらではあるけど、
それ関連で真剣に語り合ったことがあって、
「Number_iを3人でやっていく限り、ファンのみんなや一般の視聴者さん、
俺たちの作品を耳にしたり目で見てくれた人、全員の心を動かしたいね!」――って、
大袈裟に言うと〝誓った〟んですよ。
だから俺と紫耀はInstagram、岸くんはXで発信したことに対し、
〝どんな反応が返ってくるか?〟については、投稿内容に関わらず注目している』

――そう明かした神宮寺勇太。

無料のSNS、しかも匿名で書き込むことができるからこそ、ときにはアンチからの厳しいコメントを目にすることもある。

そんなコメントをブロックで封印する、スルーすることは簡単だが、Number_iの3人は『アンチコメントの中に〝真実〟が隠されていることもある』と信じ、端からスルーすることはしないとも語る。

『傷つくコメントはいっぱいあるし、
それが俺たちだけじゃなく俺たちを応援してくれるファンのみんなを傷つけることもある。
そんなコメントは許せないけど、
SNSを開設している以上は、誰だって覚悟はしなきゃいけないこと。
Xの場合は鍵垢にしたりコメント欄を閉鎖することもできるけど、
Instagramはそうもいかないからね。
自分たちに都合のいい告知や情報を発信するためだけにSNSをやるのは、
俺自身は少し違うと感じている。
〝そこから何を得られるか？〟も向き合って考えなきゃ！』

SNSと向き合う姿勢を語った神宮寺勇太。

SNSで発信している以上、決して自分たちに都合のいいコメントや反応だけが返ってくるわけではない。

しかし神宮寺勇太、そしてNumber_i 3人は——

『アンチコメントの中に〝真実〟が隠されていることもある』

——と信じ、

『そこから何を得られるか？』

——真摯に向き合って考えている。

それが彼らの自分たちの活動に対する前向きなスタンスなのだ。

ストレートプレイで得た大きな経験

『俺がTOBEに合流してから1年も経ってないけど、
今年（2024年）はできればまた演劇の舞台、
それも「ストレートプレイの作品に出てみたいな〜」って気持ちがある。
全然、主演じゃなくても構わないので。
……というか逆に、座長に甘えてみたいんですよねぇ（笑）』〈神宮寺勇太〉

2023年5月22日にKing & Princeを脱退し、ジャニーズ事務所を退所した神宮寺勇太と平野紫耀。

2人は2023年7月7日、滝沢秀明氏率いるTOBEに合流し、10月15日には岸優太と3人でNumber_iとしてのスタート切ったわけだが、2024年2月下旬現在、デビューシングル『GOAT』こそリリースしたものの、本格的に個人としての芸能活動が積極的に展開されているわけではない。

『それはね、個々の活動はジックリと見定めて進めたい気持ちが強いから。
ただあくまでも個人的な気持ちだけど、
3人とも「お芝居の仕事は継続してやっていきたい」――と思ってるのは共通認識。
それとお芝居といっても連ドラ、スペシャルドラマ、映画っていろいろとあるけど、
3人の中で俺だけが本格的な〝舞台〟を経験していて、
あのとき感じた快感はちょっと説明し辛いんだけど、
また味わいたい気持ちがめちゃめちゃ強い』

まだKing & Princeのメンバーで、しかもグループからの脱退予定も発表していなかった2021年の11月、東京グローブ座で上演された〝『葵上（あおいのうえ）』『弱法師（よろぼし）』――「近代能楽集」より――〟に主演したのが神宮寺勇太だった。

もちろんこの作品が、彼にとっては初めての単独主演作品にもなった。

『東京グローブ座の11月公演（2021年11月8日〜28日）でやらせていただいたあと、
大阪の梅田芸術劇場でもやらせてもらったんだよね。
大阪は短期間（12月1日〜5日）だったけど、
グループを離れての個人仕事、
それも座長として地方に行くのも初めてだったから、
「どれだけご飯代を持っていけばいいのか？
カードが使える店だけにすればいいのか？
それこそ誰を何回ぐらいご飯に誘えばいいのか？」……って、
めっちゃ悩んだ記憶がある。
だって大阪といえば〝食いだおれ〟なんでしょ？
結果的にはみんなで1回だけ、それもなぜか割り勘だった覚えがあるけど（笑）』

神宮寺勇太が初めての単独主演、座長を務めた舞台の『葵上』『弱法師』(-「近代能楽集」より-)。

本格的なストレートプレイで、それも全8編(『邯鄲』『綾の鼓』『卒塔婆小町』『葵上』『班女』『道成寺』『熊野』『弱法師』)の短編戯曲からなる三島由紀夫の代表作「近代能楽集」からの2篇(『葵上』『弱法師』)を連続上演。

神宮寺は『葵上』では美貌の青年・若林光を、『弱法師』では戦火で視力を失った二十歳の青年・俊徳を演じ、ともに共演(ヒロイン)には中山美穂を招いた。

『当時の自分としては単独主演のストレートプレイはもちろん初めてだったけど、ファンの皆さん、観客の皆さんに、

そういう舞台での姿をお見せできる機会は今後もなかなかないと思っていたので、

とにかく〝見て欲しい〟の一念だったんですよね。

今思うと、かなり余裕がなかったんじゃないかな~と(苦笑)。

だからこそその経験と反省を活かし、次の作品に臨みたい気持ちが強い』

ストレートプレイとは伝統的な演劇形態の一つで、日本では〝セリフ劇〟と訳されることが多い。登場人物の論点や心境、考え方などを代弁する手段としての〝歌（歌唱）〟を含まない演劇で、オペラやミュージカルとはまったくの正反対に位置する。要するにセリフだけで構成された重めの演劇で、共演の中山美穂は『葵上』では神宮寺演じる若林光のかつての恋人・六条康子を、『弱法師』では神宮寺演じる俊徳を救おうとする調停委員・桜間級子を演じた。

『中山美穂さんにはお稽古中も本番中も本当にたくさん助けていただきました。
とにかく自分にストレートプレイの経験がなく、
お芝居そのものの経験もそんなに胸を張れるほど多くもなかったので、
大先輩の中山さんに引っ張っていただいたことばかりで。
座長も初めてだったから、座長としての心構えとか立ち居振舞いも仕込んでいただけました』

長セリフも多かったことから、台本をもらって目を通した瞬間から——

『本当にセリフを覚えられる自信がなかった。
それまでのドラマとはセリフの量が段違いだったから、
密かに〝(これが演劇の洗礼か～)〟とか感じていた』

——と、いまだに振り返る神宮寺勇太。

共演の中山美穂とともに2作品ともにストレートプレイらしいヘビーな役柄を演じたが、

『演出家の先生がウチのスタッフに「この2人なら大丈夫」って言ってたらしくて、
それがハンパないプレッシャーにもなった(苦笑)』

——と、やや怨み節も。

『だってマジに夜も眠れなかったからね。

「これだけのセリフを自分が覚えられるのか」……って。

でも稽古期間も量もたくさんあったから、なんとか自分の中に落とし込む時間が作れた。

初日の幕が上がったのは、完全にそれに尽きる。

ひたすら読んで暗記するしかないお仕事も初めてで、
最初の頃は演技プランにまで頭が回らない。

当時のＫｉｎｇ＆Ｐｒｉｎｃｅメンバーにも迷惑をかけたかな。

だって近くに誰かがいると集中力が減ってしまう気がして、

〝俺に話しかけるな！〟オーラ、出しまくりだったもん』

そんな神宮寺勇太を、元トップアイドルでベテラン女優の中山美穂は温かく見守ってくれたようだ。

当時、中山美穂は神宮寺勇太について――


『驚くほど素直で真面目な青年。

直感力にも優れていて、周囲の意見を自分の中でスマートに変換して動ける人。

男女の違いはあっても私もアイドルだったからわかるんですけど、
アイドルってやたらと忙しいし、お人形さんにならないとやってられない（苦笑）。

でも神宮寺くんは私の頭の中にあったアイドル像とは全然違った。

作品に取り組む彼の姿を見て刺激になりましたし、
私も先輩とはいえそんなに舞台経験が豊富ではなくてごめんなさい……と思いながらやってました。

神宮寺くんは何に対しても「はい」と受け止めて、次の瞬間から切り替えられる人。

〝何で？〟という隙を見せない。

そこが初々しくもありました』

――と絶賛していたそうだ。

『稽古中って、中山美穂さんと会話した記憶がほとんどない（笑）。

だから趣味とか好みとかも全然知らなかった。

本当に毎日稽古漬けだったから、俺自身にも無駄話をする余裕が1ミリもなかったからね。

ずっと台本にしか向き合ってなかったから、本番が始まるまで話しかけられなかった。

……まあ、本番が始まっても大して変わらなかったけど』

そしてこの作品を演出した演出家の宮田慶子氏からは、ある独特の表現で励まされたそうだ。


『〝役をまとう〟って、よく言うじゃないですか？

宮田先生には「役をまとってステージに出るのではなく、役を食べちゃえ」――と言われました。

きっと〝自分の中に役を落とし込む〟って意味だと思うんですけど、

〝役を食べちゃえ〟とか言われたことがなかったので、今も強く印象に残ってますね』

上演から丸2年が過ぎても忘れられないひと言になっているようだ。

『本当に皆さんにご迷惑をおかけして、
いろいろな方に支えていただきながらレベルアップした実感があります。
一人では立ち向かえないくらいの難しくて大きな壁でした。
今度は自分が紫耀や岸くん含め、ＩＭＰ．の７人や（大東）立樹を導ける側にも回りたい』

力強く語った神宮寺勇太。

初めての座長舞台経験が神宮寺勇太を一回りも二回りも大きく成長させてくれたようだ。

同期の〝相関図〟に語った神宮寺勇太の本音

自身の誕生日でもある2010年10月30日に13才でジャニーズ事務所に入所した神宮寺勇太。

同日入所の同期にはSexy Zone・佐藤勝利を筆頭に、Travis Japanの宮近海斗、中村海人、松倉海斗のカイトトリオ。Snow Man・目黒蓮、現在は個人で俳優活動をしている原嘉孝、ジュニアユニット・SpeciaLの林蓮音と、旧ジャニーズファンにはたまらない豪華ラインナップが並ぶ。

ところが、だ――。

「2022年から23年あたり、旧ジャニーズ事務所所属のアーティストたちが開設している公式YouTubeチャンネルで、自身の交友関係を〝相関図〟にする企画が流行りました。もともとはジャにのちゃんねる（現 よにのちゃんねる）が火付け役で、Travis Japanもその流れに乗って、23年5月にリーダーの宮近海斗くんが自身の相関図を披露したのです。ところがそこから、スッポリと同期の神宮寺勇太くんが抜け落ちていて、ちょっとした騒ぎになったのです」（人気放送作家）

というのも神宮寺勇太と宮近海斗は1997年生まれの同学年で、旧ジャニーズJr.時代は仲のよさでも知られていたからだ。

「2人は2013年4月の『Live House ジャニーズ銀座』ではともにSexy Boyzのメンバーに選ばれたものの、2013年7月に発売されたアイドル誌では神宮寺勇太くん、岩橋玄樹くん、平野紫耀くん、岡本カウアンくんの4名がSexy Boyzとして紹介され、さらに2014年4月の『ジャニーズ銀座 2014』では、表記がBoysとされたうえで、メンバーも神宮寺勇太くん、岩橋玄樹くん、岸優太くん、宮近海斗くん、阿部顕嵐くんの5名になっています。またこの頃、この5人は自分たちで非公式ユニット・MAGICを組み、活動していた時期もありました」(同人気放送作家)

つまり神宮寺勇太と宮近海斗は、お互いが中学生から高校生時代、多感な青春期を親しい友人、仲間として過ごしていたのだ。

「確かに宮近くんがYouTubeで相関図を披露したのは、神宮寺くんのKing & Prince脱退とジャニーズ事務所退所の直前で、やめていくことは広く認知されていました。そんな立場の神宮寺くんを〝同期〟として相関図に記さなかったのは、宮近くんがTravis Japanのリーダーであるがゆえの、旧ジャニーズ事務所に対する忖度かもしれません。まさかその数ヶ月後、旧ジャニーズ事務所の名前がなくなるとは想像もしていなかったでしょうから」(同前)

しかし相関図をYouTube動画にアップした時点では、まだ神宮寺勇太はジャニーズ事務所の所属だったのだ。動画を見た神宮寺ファンからバッシングを受けることになるぐらい、想像できたのではないか。

「その相関図にはSixTONES・京本大我くんの〝京本会〟の項目もあって、そこには同じTravis Japanの七五三掛龍也、松倉海斗、SixTONESの髙地優吾、Snow Manの阿部亮平の名前はあったものの、〝岸優太〟の名前が抜けていたこともバッシングのネタになりました」（同前）

岸優太も2023年5月22日にKing & Princeは脱退するものの、旧ジャニーズ事務所からの退所は詳細未定の〝秋〟とされていた。神宮寺勇太とは少し立場が違ったのだ。

「その岸くんも神宮寺くんと同じ扱いにしていたので、ファンからのバッシングはちょっとした炎上に繋がりました」（同前）

百歩譲って岸優太はこの時点で京本会から脱会していたとしても、同期は永遠に同期。神宮寺勇太が宮近海斗の相関図を知ると、決していい気持ちはしなかっただろう。

「しかも宮近くんがまずかったのは、この相関図で炎上した2日後、旧ジャニーズ事務所の公式モバイルサイト・Ｊｏｈｎｎｙ's ｗｅｂの個人ブログに、『先日、神宮寺とサシ飯に行き、いろいろと話しました。また岸くん含め行く予定です』――と、いかにも火消しの文章を載せたのです。時系列的にも相関図を発表する前の〝サシ飯〟ですから、かえって神宮寺くんのファンからは〝何年前の話？〟〝その程度、火消しアピールにならない〟と、火に油を注ぐ結果になってしまったのです」（同前）

そんな宮近海斗の言動について、神宮寺勇太はこう話す――。

『まあ、ちゃか（宮近）の気持ちもわからないでもないから、俺は何とも思ってないよ。

俺だってあの事務所にいたんだから、

ちゃかがそうしなきゃいけなかった事情（忖度）も理解してる。

それでも〝寂しかったか？〟と聞かれれば、

「寂しかった」と答えるけどね（苦笑）。

ちゃかは今でもいい友だち、その関係は変わってない。

パフォーマンスも尊敬してるし』

そして神宮寺勇太はこうも語った――。

『Travis Japanは、
ウチの社長が（旧）ジャニーズ時代に最後にデビューさせたグループだし、
いつか真正面からパフォーマンスで競うことができたら楽しそう。
社長もSTARTO ENTERTAINMENTとのコラボは否定的じゃなかったからね。
3対3のダンスバトルとか面白そうだし、
そうなったら俺の相手は、
ちゃか、うみ（中村海人）、まつく（松倉海斗）の同期の誰かがいい』

いつまでも過ぎ去った過去を振り返っていても何も始まらない。
すでに神宮寺勇太の視線は前を向いているのだ。

神宮寺勇太の心に残っている〝思わぬひと言〟

その「賛否」についてここで論じるつもりはないが、一つの「事実」としてお話ししてみたい。

2024年1月1日に発生した能登半島地震の被災地に1月4日と5日の2日間、滝沢秀明TOBE社長を筆頭に、三宅健、神宮寺勇太、IMP.のメンバーらが炊き出しのボランティアで訪れた件についてだ。

「地震発生後、全国から〝ぜひボランティアに〟の声がたくさん上がっていましたが、主な被災地の能登半島に向かう幹線道路や県道、市道等にも甚大な被害がもたらされていたので、地形的にもまずは自衛隊や消防隊、警察など現地の復旧作業や被災者の救助に向かう車両を最優先し、一般のボランティアは受け入れていなかったことも事実です。しかしそんな状況下でも居ても立ってもいられなかった滝沢秀明社長以下のTOBE軍団は、石川県輪島市輪島中学校などの避難所を訪れました」（NHK関係者）

TOBE社が設立されてからは初めての炊き出しボランティアだったが、過去に彼らは旧ジャニーズ事務所のボランティアメンバーの一員として東日本大震災や熊本地震、さらには中国地方を襲った集中豪雨や千葉県を襲った豪雨被害など、積極的に被災地での支援活動に参加してきた実績を持っている。

「言うまでもなく旧ジャニーズ事務所は、どの芸能プロダクションよりも避難所での炊き出しなどボランティア活動に積極的に関わってきました。三宅健くんも参加していたユニット〝J-FRIENDS〟は阪神淡路大震災へのチャリティ活動の一環として1997年12月に結成され、2003年3月まで5年以上も活動してくれましたしね」（同NHK関係者）

SMILE-UP.社の社名の由来にもなっている『Johnny's Smile Up! Project』は、2018年7月の「平成30年7月豪雨」の被災地支援をきっかけとして立ち上げられ、現在も進行中の社会貢献プロジェクトだ。

滝沢秀明TOBE社長はこれら一連の被災地支援、社会貢献の精神と要領を故ジャニー喜多川氏の下で学んでいたせいか、行動への決断はかなり素早かった。

『1月1日はNumber_i『GOAT』の配信初日ではあったけど、被災地にもきっと俺らのファンの方はいらっしゃるはずだし、俺もすぐに「ボランティアに行きたい!」と思ったんです。紫耀や岸くんには正月の予定が入っていたみたいだけど、俺とか実家でゴロゴロするしかなかったから。聞いたら三宅くんも前向きだっていうし、社長からは「あとでいろいろと言われるかもしれないよ」とは聞かされていたけど、批判されるのが怖くて支援に行かないのも俺の中では〝違う〟から』〈神宮寺勇太〉

逆に心配だったのは、現地で歓迎されないこと。

どこか心の片隅に『(拒否されたらどうしよう)』という不安もあったそうだが、現地に着くと避難所にいた被災者の皆さんはことのほか喜んでくれたそうだ。

『4日の昼に避難所の輪島中学校でカレーとハンバーグを配らせていただいたんですけど、皆さんには〝温かい食べ物が欲しかった〟と喜んでもらえて、その笑顔を見られただけでも「(炊き出しを)やってよかった〜」と心から思いました。カレーは少し〝辛い〟とおっしゃる方もいて、声が枯れるまで自然と「辛いものが苦手な方はハンバーグだけでも召し上がってください」――なんて叫んでましたね、無意識で。あとで聞いたら炊き出しには800人ぐらいの方が来てくださったみたいで、普段は街中とかではお断りしているツーショットも撮りました』

――振り返って語る神宮寺勇太。

『5日におしるこを配膳したとき、中に入れた餅が〝大きすぎる〟ことを指摘されて、〝こんなに大きいとお年寄りは喉に詰まらせるかもしれないよ〟と教えられたんです。それは本当にその通りだし、自分たちが至らなかった点を教えていただけて、心からありがたい気持ちしかなかったですね。そのあとはすぐに餅を小さく刻み直して入れたんですけど、それからは餅の大きさを指摘されることもなかった。「気を遣うっていうのは、こういうことを言うんだな〜」って、目からうろこでした』

そんな素直すぎるほどの神宮寺勇太が現地で一番心に残っているのは、意外な言葉をかけられたことだと明かす。

『もちろん名前も何も知らない被災者の方ですけど、
炊き出しの準備をしているときに声をかけてくださって、
それが「作業してるときはアイドルに見えないわね」――ってひと言だったんです。
「それだけ自分たちは被災者の皆さんのために準備に集中しているって意味なんだろうな～」
――って思ったんですけど、
東京に戻ってからなぜかジワジワと毎日のように思い出すんです。
そういう顔、普段ステージでファンの方には見せないだろうし、
これからもステージでは見せないだろうし』

炊き出しの準備をしているときに被災者の方にかけていただいた思わぬひと言。
そのひと言で神宮寺勇太はまた一つ成長した――。

神宮寺勇太が教えてくれた平野紫耀と行った〝聖地〟

『紫耀とシンガポールに行ったのは、
ザックリ言うと俺たちがTOBEに所属してから岸くんの所属を生配信で発表するまでの間。
……まぁ、去年（2023年）の9月ですよ。
Number_iで本格的な活動が始まったら、そう何日も休みが取れないからね。
オフの日に朝から車で日帰り旅はちょいちょい行ってるけど、
今年（2024年）の秋頃とか、3人揃って海外に行きたいね。
またInstagramを話題沸騰にするよ（笑）』〈神宮寺勇太〉

昨年の10月から11月にかけて、突如として神宮寺勇太と平野紫耀のInstagramに投稿された2人のプライベート旅行。どうやら平野紫耀のマネージャーも同行したようだが、さすがに超人気者2人だけの海外旅行でトラブルに巻き込まれるわけにはいかないだろう。

『個人的にはトイレの水が流れないとかバスタブのお湯が溢れるとか、
ちょっとしたトラブルがあってこその海外旅行だとは思うんだけど、
2人でいると世界のどこに行ってもある程度は顔バレしちゃうし、
買い物中に囲まれたりすると、他のお客さんやお店に迷惑がかかるからね。
だからトラブルシューター兼カメラマンで、いつもスタッフさんにはついて来てもらってる。
もちろん旅費は俺たちが払ってるよ（笑）』

――そう明かす神宮寺勇太。

たとえば旧ジャニーズ事務所の所属タレントは弾丸ソウル旅行に頻繁に出かけているが、それは現地ソウルに元・旧ジャニーズ事務所スタッフや元・旧ジャニーズJr.が在住していて、安心安全なプランを提供してくれるからだそうだ。

『岸くんがソウルに遊びに行ったことがあるかどうかは聞いてないけど、
俺と紫耀は2回ほど一緒に遊びに行ったことがある。
目的はグルメ。本当に旨いチゲ（鍋）はソウルでしか食べられない派だからね、俺たち』

これまで神宮寺勇太、平野紫耀ともに明かしているが、この2人、お互いに——

『ジンと結構昔から旅行に行くのは、趣味が結構合うからなんですよ、俺とジンって』〈平野紫耀〉

——と、旅先での相性のよさを語り合っている。

『ペースが合うから無理をしなくて済む。
どっちかがどっちかに合わせることもしなくて済む。
泊まりの旅行に行くと計画性の違いで結構面倒くさかったりするけど、
俺と紫耀はノープランの旅が好きで、
目立つ看板とか目に飛び込んでくると、
〝ここよさげじゃん。ここ入ろう〟みたいな、
行き当たりばったりの旅が合うんです。
だからマネージャーとかスタッフが心配でついて来ざるを得ない（苦笑）』

さて、そんな神宮寺勇太と平野紫耀のシンガポール旅行だったが、今ファンの皆さんの間で流行っているのが、2人が宿泊したシンガポールのランドマーク〝マリーナ・ベイ・サンズ・ホテル〟をはじめ、2人が辿った観光地を巡る〝聖地巡礼〟の旅。特に2月から3月の卒業旅行シーズンには多くの日本人がマリーナ・ベイ・サンズ・ホテルで目立ったそうで、その傾向はゴールデンウィーク、夏休みも継続するだろう。

そこでここでは神宮寺勇太が某人気放送作家に明かした〝聖地〟をご紹介しよう。

日本のテーマパークに慣れている2人でも——

『意外に植物園は新鮮』〈神宮寺勇太〉

——だったらしい。

植物園はホテルから徒歩圏内にある〝ガーデンズ・バイ・ザ・ベイ〟で、地元ではインスタ映えスポットとしても有名だそう。

『最初はちゃちいと思ってなめていた』

——と明かした神宮寺勇太。

世界最大のガラス温室としてギネス世界記録に登録されたフラワードーム、ドームの中のクラウドフォレストは霧に包まれ、高さ35mの人工山とそこから流れ落ちる壮大な滝が圧巻だったという。

「展望台に登れば、ガーデンズ・バイ・ザ・ベイのエリアやマリーナ・ベイを一望できて、写真も撮りまくりだったとか」（某人気放送作家）

女子には少々刺激が強いかもしれないが、〝食虫植物のコーナー〟に釘付けだったそう。

「こちらもホテルから徒歩圏らしいですが、〝Louis Vuitton Island Store〟という海辺のインスタ映えスポットもお気に入りだったそうです。肝心のグルメはクラーク・キーというエリアにある〝JUMBO Seafood〟がオススメで、このお店はシンガポール国内に複数の店舗を展開しているそうですが、クラーク・キーのリバーサイド・ポイント店は川沿いで雰囲気もよく、JUMBO Seafoodでは一番人気とのこと。地下鉄ノースイースト線のクラーク・キー駅が最寄りだとか。ロブスターと名物のチリ・クラブ（蟹）は、日本では考えられないほど安くて美味しかったそうですよ」（同人気放送作家）

神宮寺勇太は今後、三宅健や北山宏光ら先輩を含め、TOBE所属アーティストたちと『積極的に旅に出たい』と明かしているらしい。

『3月の『toHEROes』がひとつのきっかけにはなると思うけど、
TOBEの中でお互いをもっと理解したいんですよ。
三宅くんと北山くんにしても、俺はほとんどバックにつかせてもらったことがないし、
先輩と後輩ってステージを通したり地方の泊まりで理解を深めたりとか、あるじゃないですか。
TOBEでの音楽活動は（旧）ジャニーズとは違うだろうし、
Number_iのバックにIMP.がついたり、Number_iが先輩のバックにつくこともない。
そうなるとお互いに理解を深め、結束と絆を強くする方法って、
俺には旅行が最適としか思えないんです。
北山くんがハワイで「カンボジア一人旅行が面白かった」って話をしてくれて、
俺としてはめっちゃカンボジアに興味が湧いたんで、
一緒にカンボジアに行ってみたくなった』

ちなみに岸優太は――

『（旅行は）あんまりしないけど、

「時間あったら行く？」的に誘われたら行く。

泊まりのロケで遠出もしていい』

――ぐらいのレベルで、どうやらギャラが発生する仕事絡み以外は興味がなさそうだ（苦笑）。

神宮寺勇太がこっそり明かした〝聖地〟に、皆さんも一度巡礼に行ってみてはいかが？

〝最後の『Mステ』出演〟時に語っていた神宮寺勇太の決意

Number_iが始動して約4ヶ月弱が経過した2月初旬、2024年元日に配信が開始されたデビュー曲『GOAT』は、Billboard JAPANダウンロード・ソング・チャート「Download Songs」で1月10日付と17日付公開分で2週連続の首位を獲得。本書には何回も数字が登場しているが、公式YouTubeチャンネルで公開されたMVの再生回数も公開から1ヶ月間で3,200万回再生を超え、ここでもお話しするオフィシャル・コレオグラフィー・ビデオ(2月5日公開)やMVの予告編、ショート動画などの公式関連動画を含めると、総再生回数の合計は2月中旬の時点で4,000万回再生を突破、下旬には5,000万回再生を軽々と超えた。

さすがというしかない怒濤の勢いが感じられるが、その『GOAT』のコレオグラフィー・ビデオ(振り付け動画)で明らかになったのは、改めてのダンスパフォーマンス力とダンススキルの高さだった。

ここで多くの反響を呼んだのは、スマートで洗練されたイメージが強い神宮寺勇太の力強いダンス&ボーカルパフォーマンス。

「『GOAT』のMVが公開された当初、ファンの皆さんはまず全編ラップ詞のHIPHOP曲だったことに驚かれたと思います。かつてKing & Prince時代の王道アイドルソングやパフォーマンスから180度転換した作品は、それまでの3人のイメージと〝真逆〟とまでは言いませんが、明らかに異なる楽曲でしたから。頭の中では〝これが彼らのやりたかった音楽の世界なんだな〟と理解しようとしても、なかなかスムーズに受け入れられなかったファンの皆さんもいらっしゃったでしょう」

今回のエピソードで主に神宮寺勇太について語ってくれるのは、テレビ朝日系『MUSIC STATION』の楽曲演出を担当する制作スタッフ氏だ。

「しかし同時にもともとのHIPHOPファン、HIPHOPに興味を持ち始めていたファン入門者、YouTubeやSNSで偶然MVを目にした人たちが初めてNumber_iのパフォーマンスに触れたとき、その多くは〝アイドルだよね? こんなにちゃんと歌って踊れる人たちだったんだ!?〟と、ある種の衝撃を受けたとも聞いています。それまでの旧ジャニーズ事務所所属のアイドルたち、確かにSnow ManやTravis Japanの出現でパフォーマンス力の高さも旧ジャニーズの売りになってきてはいますが、多くの視聴者が抱いている〝アイドル像〟とはかけ離れているからです」（制作スタッフ）

視聴者の頭の中にある男性アイドル、特に(旧)ジャニーズアイドル像は、1980年代初頭の〝たのきんトリオ〟から〝シブがき隊〟、〝光GENJI〟。1990年代からの〝SMAP〟、〝V6〟、〝嵐〟へと継承されてきたものだろう。彼らの楽曲は〝ダンスパフォーマンス〟というよりも〝振り付け〟で、曲中にローラースケートやアクロバットを取り入れるなど〝キワモノ〟扱いされたグループも含まれているし、何よりもレコード音源に〝口パク〟で合わせる日本の歌謡界独特のアイドル文化の担い手でもあった。

やがて2000年代に入ると現在のLDHグループが台頭し始め、彼らはダンスボーカルグループとして独自の路線を開拓する。さらにここ数年、JO1やINI、BE:FIRST、Number_iが『Venue101』で共演したATEEZ、TWSらのように、LDH路線にK-POPのエッセンスを加えたダンスボーカルグループが主流となり、旧ジャニーズ事務所のアイドルたちも遜色のないダンススキルを身につけている。

「Number_iファンの皆さんは平野くんがK・POPに傾倒していた時期をご存知でしょうし、『GOAT』はHIPHOPでありながらK・POPの影響を感じさせるのも事実です。しかしそれをNumber_iオリジナルに昇華させているのは、何といっても3人のパフォーマンス力の高さで、それを認識させられたのが2月5日公開のコレオグラフィー・ビデオと関連ショート動画でした。特にスマートで洗練された、優しくて紳士的なイメージが強い神宮寺勇太くんの〝表現力豊かな歌声と力強いダンス〟が作品に彩りを添えてくれているのです。もちろん平野紫耀くんのセンターに相応しいオーラと圧倒的なパフォーマンス力、岸優太くんの変幻自在な歌声と高いダンススキルも魅力ですが、神宮寺勇太くんが目立ってこそNumber_iのバランスが魅力的に映ると感じています」

（同制作スタッフ）

そして何よりもNumber_iは、世界を目指すために〝現状に満足しない〟高みを目指す、共通のストイックさに磨きをかけているように思える。

そして制作スタッフ氏は、5人のKing & Princeにとって〝最後の『Mステ』出演〟となった2023年5月19日、リハーサルの合間に神宮寺勇太からこんなセリフを聞いていたと明かす――。

『この先、自分が誰と何をするかはわからないけど、
少なくともエンターテインメントの世界には絶対に携わっていきたい。
もうずいぶんと昔の記憶にはなるけど、
もともと他人と違ったことがやりたくて、
中1のときに（旧）ジャニーズのオーディションを受けて、
高校生になるまで頑張ってSexy Family（Sexy Boyz）に選ばれてさ。
そこで浴びた歓声と感動は忘れられないもん。
King & Princeでも数えきれないほどたくさんの声援を浴びたけど、
これからは次のステージでも応援してもらえるように死ぬ気で頑張るしかないね』

このとき、神宮寺勇太の目は「まるで幻想を見たかのように光り輝いていた」と制作スタッフ氏は振り返る。

「本当にね、目の黒目がキラキラしてたんですよ。星みたいに。〝ああ、人の目って希望に満ちたら輝くんだ〟と思いました。あのときはまだ（旧）ジャニーズ退所後の予定について口にはできなかったんだろうけど、YouTubeやInstagramの生配信を通して見る神宮寺くんは、**『エンターテインメントの世界には絶対に携わっていきたい』**――と話してくれた言葉通りに頑張っていて、また一緒に仕事ができる日が来るのが楽しみです」（同前）

〝最後の『Mステ』出演〟時に語っていた神宮寺勇太の希望に満ちた決意。

『GOAT』で新たな第一歩を踏み出した神宮寺勇太、そしてNumber_iの次のステップが楽しみだ――。

神宮寺勇太 フレーズ

『俺は中学生から芸能界にいるけど、
同級生のツレとかはちょうど大学を卒業して3～4年で、
社会の厳しさみたいなのを感じる時期らしい。
この前も地元のツレから、
「この先、いくら頑張っても幸せな生活を送れる自信がない」
……とか言われて困ったんだけど（苦笑）、
自分にとっての〝幸せ〟が何か、改めて向き合ってみるように勧めたよ』

結果が出ない環境に身を置かなければならないことは確かに辛く、愚痴も溢したくなるだろう。しかし改めて「自分にとっての〝幸せ〟が何か？」を考えるきっかけにはなったのだから、悩める方々は神宮寺勇太のアドバイス通り、一から自分と向き合ってみてはいかが。

『高い目標を立ててそれに向かって頑張ることは大切だとは思うけど、人それぞれの素晴らしい道、到達地点があることも忘れちゃいけないんだよ』

人はより高い目標を掲げてこそ成長する――という一面は確かにあるだろう。しかしその目標とは誰もが共有して掲げるものではなく、それぞれのペースで、それぞれの目標に向かえばいいのだ。

『イヤな人のために使う時間が、俺は真の意味で〝浪費〟だと思う。
必要かな?……そんな時間の消費』

自分にとっての〝イヤな人〟〝苦手な人〟は誰にでもあるものだ。神宮寺勇太は『そんな相手のために自分の貴重な時間を費やすのはナンセンス。だったら自分を支えてくれている、ともに歩んでくれている仲間に使いたい。それって俺だけのことじゃないと思うけど』——とも話す。

『この仕事をやってきて本当に素晴らしい才能にいくつも出会ったけど、
そんな才能の持ち主さんは、
「いつもはこうだ」とか「絶体にこうだ」とか、
固定観念を口にしない人ばかりだった。
何かそこに、唯一無二のヒントを感じる』

柔らかい発想や姿勢の大切さを説くために、固定観念やその表現方法を否定する神宮寺勇太。もちろんすべてを否定するつもりはないだろうが、固定観念が自身の発想や姿勢を〝縛る〟ものであれば、それは必要がないということ。

『〝ワガママ〟って基本は悪口寄りの単語だけど、あるがままでいることもワガママだとしたら、逆にすごく素敵な褒め言葉にもなる』

ワガママを辞書で調べると、確かにポジティブで肯定的には扱われていない。しかし見方を変えると、神宮寺勇太が言うようにネガティブからポジティブに転換させられるのでは。

『散歩、大事よ。
俺は散歩することで〝無〟になれるし、
新しいアイデアも浮かんでくる』

単純に散歩（運動）は〝健康によい〟ものではあるが、歩くことに集中することで余計な感情を消し、新しいアイデアや発想を生み出すこともできる。部屋の片隅で頭を抱えているだけの人は、神宮寺勇太に倣って散歩に出てみよう。

『「みんなと仲よくなりたい」ってほとんど考えたことがない。
みんなと「楽しくやりたい」はずっと思ってるけど、
〝仲よく〟と〝楽しく〟は決してイコールじゃない』

〝神宮寺勇太〟という26才の一人の男性ではなく、タレント、アーティストとしての〝神宮寺勇太〟の考え方。仲がよいと程度の差はあれど〝共依存〟に陥りやすく、それは往々にして甘い仕事を生み出しやすい。甘い仕事は楽しくない。

『自分の人生は自分自身の責任で歩んでいるんだから、
俺の人生に責任を持ってくれそうもない、
共感すらしていない〝大人〟の言葉には惑わされたくない。
結構重要なこと、言ってるよ（笑）』

King & Princeから脱退し、旧ジャニーズ事務所から退所したこと。TOBEに合流し、Number_iを結成したこと。それらすべてを神宮寺勇太は自分の決断、責任で貫いてきた。そんな決断と責任に寄り添わず、オイシくなったらすり寄ってくる大人たちの言葉は、彼の心の奥底までは届かない。自分の人生は自分自身の責任で歩むものなのだから。

3RD CHAPTER

岸優太

YUTA KISHI

NUMBER_i X REAL_i

インスタライブで見せた3人の"Number_iでの立ち位置"

2024年2月9日、Number_iがメンバー3人でInstagram Liveを行った。

これまでに平野紫耀と神宮寺勇太が個人でインスタライブを行ったことはあったものの、岸優太も含めた3人揃っての配信は実は初めて。

3人はまず1月1日にリリースされた『GOAT』について『たくさん見ていただき、ありがとうございました!』と感謝を伝えると、リリース直前の様子をカミングアウト。

「3人はリリース直前に連絡を取り合い、ファンと同じようにリリースのカウントダウンをしていたそうです。さらにSNSで楽曲に対しての感想やリアクション動画が投稿されていることに触れ、多くの反応があったことへの喜びを語っていました。このあたり、配信リリースならではのリアクションでしたね」(スポーツ紙芸能デスク)

3人はインスタライブでファンクラブ用デジタルマガジンを撮影した話題になると、ここで岸優太と平野紫耀の天然ぶりが爆発。

写真をデジタルマガジン用に撮り下ろしたことを神宮寺勇太が説明すると、岸優太が不安そうな表情で――

『撮り下ろし、だよね?』

――と呟いたのだ。

「すかさず神宮寺くんが岸くんのリアクションを拾い『(それは)どういうことですか?』と聞き直すと、岸くんは『このため(デジタルマガジンのため)だけの?』と答えました。すると平野くんが、ようやく〝(撮り下ろしの)意味〟を理解したかのように『あっ、そういうこと』とリアクションしたのです」(人気放送作家)

平野紫耀は〝撮り下ろし〟の意味を〝編集せずに〟表に出すと思っていたようで――

『〝下ろす〟って何？』

――と神宮寺勇太に尋ねたのだ。

さらに岸優太が――

『生産みたいなことだよね？』

――と被せ、ここで岸優太と平野紫耀は〝撮り下ろし〟をボンヤリとしか理解していなかったことが発覚したのだ。

これに対して神宮寺勇太は戸惑いながら――

『生産ではないですけど(苦笑)……まぁ、そういうことです。
〝前に撮ったメイキングではないですよ〟っていう。
このデジタルマガジンのために、
皆さんのためにですね、撮らせていただきました』

――と説明したものの、その表情には暗に……

『(ファンの皆さんは理解してますけどね)』

――と、岸と平野に言いたげだった。

『〝知らなかった〟わけではなく、
俺も紫耀も勘違いして覚えていただけ。
この世界にいると普段プライベートでは使わない言葉やギョーカイ用語が、
バンバンと飛び交うじゃないですか。
そのたびに意味を聞いていたら、
作業がストップして迷惑かけるから、
なんとなくその場の雰囲気で理解してきた』

――と言い訳（?）する岸優太。

『ギョーカイ用語とか常識通じないからね。
前に『ガムシャラ！』の収録中、
カメラマンさんがADさんに〝ちゃんと笑っとけ！〟って怒ったことがあって、
そのときは〝（何でおかしくもないのにちゃんと笑うの？）〟って不思議だったんだけど、
TVギョーカイで〝笑う〟って「どかす」とか「片付ける」の意味らしくて、
そのときはカメラに映るところにガムテープとハサミが置いてあって、
〝それを早くどかせろ〟って意味だったみたい。
そんなのプライベートの友だちとかに言っても通じないじゃん。
たとえばご飯食べに行って、
テーブルの上の（料理が）空いたお皿を〝笑ってよ〟と言っても、
きっと愛想笑いが返ってくるだけだしね（笑）』

岸優太の言う通り、TVギョーカイに限らず、その職種や仕事現場（内容）によって様々な〝隠語〟は存在する。

『だから日本語って難しいんだよ』

――またも言い訳（?·?）する岸優太

そして、この日のインスタライブではちょっとしたハプニングも起こっていた。

なんと岩橋玄樹が配信を視聴していることに3人が気づき、まず平野紫耀が――

『いわちー！ 元気してるかー!?』

――と呼びかけたのだ。

「この場面にはインスタライブを視聴していたファン全員が驚いたと思いますけど、旧ジャニーズJr.時代から数々のユニットでシンメを組んできた神宮寺くんではなく、同学年の仲間として切磋琢磨してきた平野くんが呼びかけたことが〝エモエモ〟でしたね」（前出人気放送作家）

開始直後から同接16万人だった視聴者は、インスタライブが終わる頃には20万人にも達していた。

その数字に平野紫耀と岸優太が――

『ドーム5回分（の人数）』

――と反応すると、神宮寺勇太から、

『何でさっきから（換算の仕方が）ドームなの？　しかも（5回ではなく）4回分だし』

――と冷静なツッコミが……。

『まぁ、確かにね。
東京ドームは5万人収容だから、20万人を5万人で割ると4回だわ。
でもジンってそういうキッチリとしたところがありすぎで、
俺に言わせれば〝ニュアンス〟で通るところはニュアンスでいいと思うんだよね。
インパクトの点でも〝ドーム4回〟よりも、
〝ドーム5回〟のほうが〝スゲー!〟ってなるじゃん』

確かにインパクトはあると思うけど、やっぱり数字は正確なほうがいいんじゃない?

『だったら〝5回、ナゴヤドームなら〟とか……
そういう優しいツッコミが欲しかった(笑)』

自由で天然な発言を繰り出す岸優太と平野紫耀を冷静に神宮寺勇太がまとめるスタイルは、今後のステージMCの形や役割を垣間見ることができたインスタライブだった。

『逆にいうと（視聴者の）みんなには、
Number_iのMCトークはジンが回すことをアピールできたんじゃないかな?』

岸優太の言う何が〝逆〟なのかは不明だけど（笑）、3人を見れば『Number_iのMCトークはジンが回すこと』は最初からわかっていたと思うけど。

……まさか岸くん、自分がMCの進行役を務めるつもりだったりしないよね!?

初主演映画で得た岸優太の自信

岸優太が平野紫耀、神宮寺勇太よりもＴＯＢＥへの合流が遅れたのは、皆さんもご承知の通り、主演映画『Ｇメン』の公開時期（２０２３年8月25日公開）の関係だった。

岸優太が主演した『Ｇメン』はアクション色の濃いドラマではあるが、原作は週刊少年チャンピオンに連載された小沢としお氏の同名コミック。問題児だらけのクラスに転入した男子高校生の熱い友情と成長を描いた青春アクションコメディだ。

４校の女子高に囲まれ、入学すれば〝彼女できる率１２０％〟はカタい名門男子校の武華高校に、「彼女を作る！」というただ一つの目的で転校してきた1年生の門松勝太（岸優太）。しかし勝太のクラスは校舎も隔離され、教師たちも怯える問題児集団の1年Ｇ組。荒れ果てた教室とクセが強すぎるクラスメートたちに唖然とする勝太だったが、自らを〝校内の肥えだめ〟と自虐するクラスメートたちを「もっとプライド持てよ！　這い上がってやろうじゃねえか！」と鼓舞し、転校早々Ｇ組をひとつにまとめていく。

「岸くんはこの『Gメン』が映画初主演作で、当初は2022年秋に公開予定だったそうです。ところが新型コロナウイルスの影響で制作スケジュールに遅れが生じ、また制作過程で追加撮影が必要となったために公開が延期されたとのこと」〈映画制作会社スタッフ〉

そんなGメンは2024年1月早々、Netflixのサブスク見放題にも配信されたことで新たに注目を集める。また2024年2月18日には都内で行われた第97回キネマ旬報ベストテン表彰式で、監督の瑠東東一郎氏が〝読者選出日本映画監督賞〟を受賞し、さらなる注目を集めたのだ。

瑠東監督によると、撮影では主演の岸にリアルなリアクションをしてもらうための工夫をこらしていたそうだ。

『岸くんって天然的な感じで可愛らしい人。
ただそれを芝居で引き出すというのは相当難しいので、
（同じシーンの）2回目の撮影のときは相手の役者に芝居を変えてもらったり、
芝居の中にドキュメンタリーというか、偶然性を生み出す演出を仕掛けていました。
計算しては撮れないものをたくさん出してくれました！』〈瑠東東一郎監督〉

瑠東監督の思惑通り、岸優太は素晴らしいリアクションを披露してくれた。

『もちろんアクションシーンに関してはアクション監督さんもいらっしゃったんだけど、
瑠東監督もアクション監督も、基本は俺の意見を尊重してくれて、
俺がやりやすいアクションを採用してくれた。
だからやりがいとともに責任も感じて、
瑠東監督に納得してもらえるアクションをどうしても仕上げたかった。
結果、見てくださった皆さんの反応もよかったと聞いているし、
(旧)ジャニーズ最後の作品で思い出にもめっちゃ残ってる。
ただ(撮影当時)26~27で高1の役は、結構コスプレ臭がキツかったんじゃない(苦笑)?』

旧ジャニーズ所属の最後の映画作品で高評価を得た岸優太。
Number_iとして取り組む次の出演作が大いに楽しみだ。

Number_iとKing & Princeを結ぶキーマン

2024年2月14日、STARTO ENTERTAINMENT所属アーティストのファンの皆さんにとって、あまりにも衝撃的な発表がNHKからなされてしまった。

なんと2024年4月1日からスタートする2024年度の番組編成において、現在NHK Eテレで放送されている『バリューの真実』、『言葉にできない、そんな夜。』、『とまどい社会人のビズワード講座』、『世界サンライズツアー』の4番組が一斉に終了。さらにNHK Eテレのほかにも、NHK BSで放送されていた『ニュージェネ!』『プレミセ!』も終了することに。しかもテレビに留まらず、NHKラジオ第1の『STUDY! ぼくたちとみんなのラジオ』『らじらー! サタデー』も終了し、STARTO ENTERTAINMENT絡みの番組が合計で8番組も姿を消すことになるというのだ。

「TOBEの所属アーティストはどの番組にも絡んでいませんが、岸優太くんがこの情報に反応。旧ジャニーズ事務所の番組を多く担当している売れっ子の有名放送作家や外部のYouTubeスタッフに連絡を入れ、**『みんな落ち込んでませんか? 今後大丈夫ですか、民放の番組とか!?』**――などと、やたらと心配していたと聞いています」（人気放送作家）

意地の悪いギョーカイ人は「岸くんは人が好すぎる。これは空いた枠にTOBEのアーティストが滑り込むチャンスじゃないか」などと口にしていると聞くが、岸優太はかつての仲間のピンチに突け込むような思考を持ち合わせてはいない。

断言するが岸優太という男、自分が所属していたKing & Princeの永瀬廉と髙橋海人はもちろん、旧ジャニーズJr.時代に切磋琢磨したSixTONES、ステージバックについて勉強させてもらった先輩たちの窮状を喜ぶような人間ではない。

「少なくとも他人(ひと)の痛みを自分のことのように感じられる男であるのは間違いありません。ちょくちょく平野くんや神宮寺くんに〝ケチ〟呼ばわりされる岸くんですが、かつての仲間に連絡を入れ、『**愚痴でも何でも聞いてやるからメシ行かない？　ご馳走するからさ**』――と誘っているそうです」（同人気放送作家）

そんな相手の一人が、King & Princeの髙橋海人だ。

「髙橋くんは4月からテレビ東京系ドラマプレミア23枠で放送される〝開局60周年連続ドラマ『95（キュウゴー）』〟で主演を務めるのですが、まだ岸くんが旧ジャニーズ事務所に所属していた時期にこの作品の主演が決まっていて、髙橋くんはテレビ東京系の連ドラに主演するのが初めてだったこともあり、すごく気合いが入っていたそうなんです。そんな髙橋くんを旧ジャニーズ事務所から退所する直前まで間近で見ていた岸くんは、『**もしNHKの判断が他の局に影響を及ぼしたら……**』と心配になったようです。旧ジャニーズではCM出演中止がドミノ倒しのように伝染した前例がありましたからね」（同前）

高橋海人が主演する『95』の原作は、『イノセント・デイズ』で第68回日本推理作家協会賞を受賞した早見和真氏が受賞後の第一作として発表した最強青春小説。

『95』とは1995年のことを表していて、舞台は1995年の渋谷の街角。大人の作った社会の仕組みに抗い、大切なものを守りながら1995年の渋谷をガムシャラに駆け抜けた高校生たちの熱い物語を連続ドラマ化した作品だ。

当時の渋谷は〝チーマー〟と呼ばれる若者の集団が街の主役を務めていて、そんなチーマーたちとの乱闘シーンに備え、高橋海人はクランクイン前から厳しいアクション練習を重ねていたそうだ。

「原作者も舞台も違いますが、かつて岸くんや高橋くんの大先輩でもある元TOKIO・長瀬智也くんが主演した『池袋ウエストゲートパーク』(2000年4月クール TBS系)の前日譚に位置付けられる東京の〝若者文化〟がテーマですから、岸くんも**『いち視聴者としてめちゃめちゃ見たい。興味あるに決まってる』**――と話していたと聞いています」(同前)

また髙橋海人は――

『オファーをいただいたときは、
シンプルに〝やってみたい〟感覚でした。
最初にプロットを読んだとき、
「あまりこういう作品ってないよな」と思いましたし、
内容もトガっていて、まわりに媚びていない感じが好き。
言葉で説明するのではなく、心で感じてもらう作品になると思いました。
俺が演じる主人公は渋谷の街でカッコいい仲間たちに囲まれて過ごしていますが、
俺自身もすごくカッコいいメンバーに囲まれて生きてきたので、
カッコいい仲間と同等になれるように頑張る姿が自分と似ている(笑)。
演じていて、とても楽しい』

――このドラマの主演にあたり、そう話している。

さらに――

『King & Princeはデビュー当時とは姿形が変わっちゃったけど、今だからこそ感じるのは岸くんの優しさや存在感。岸くんとは今のほうが何でも話せるし、相談にも乗ってもらっている』

――とも明かしてくれた。

「別に平野紫耀くんと神宮寺勇太くんが〝そうではない〟という意味ではなく、岸優太くんが特別〝やめてからのほうが仲がいい〟のでしょう。TOBEの滝沢秀明社長も『(STARTO ENTERTAINMENT所属アーティストとも)メンバー同士は仲がいい』と公言していますから、アッと驚くNumber_iとKing & Princeのコラボがあってもおかしくはありませんし、もしそうなった場合、キーマンは岸くんになるでしょうね」(前出人気放送作家)

果たしてアッと驚く〝Number_iとKing & Princeのコラボ〟はあるのだろうか?

そのカギを握っているのは、どうやら岸優太らしい。

〝Number_iのバランサー〟岸優太

エピローグでも少し触れているが、旧ジャニーズ事務所を退所する前の北山宏光が少しでも関わりのあったNumber_iメンバーは、自身初の教師役に扮した2013年4月クールの連続ドラマ『幽かな彼女』（フジテレビ系）での神宮寺勇太（生徒役）と、2020年8月22日から23日にかけて生放送された『24時間テレビ43』での、岸優太との共演だった。

「2020年の『24時間テレビ43』は、コロナ禍での〝新しい日常〟を意識した『動く』をメインテーマに制作されました。嵐が最後のメインパーソナリティを務めた2019年に引き続き、両国国技館からの生中継。しかも新型コロナウイルス感染症の拡大による無観客放送でした。メインパーソナリティも井ノ原快彦くんを中心に、増田貴久くん、北山宏光くん、重岡大毅くん、そして岸優太くんと、旧ジャニーズ事務所のグループを超えた組み合わせに初挑戦。ちなみに岸くんは翌年の『24時間テレビ44』にも、メインパーソナリティ・Ｋｉｎｇ＆Ｐｒｉｎｃｅの一員として2年連続で登場してくれています」（日本テレビ関係者）

～以下、エピローグより一部抜粋～

【『とべばん』MCの北山だが、Number_iのメンバーとは『岸くんとは『24時間テレビ』を一緒にやらせてもらったりとかありましたけど、平野は本当に喋ったことがない。神宮寺は一緒にドラマ(『幽かな彼女』フジテレビ系)とかやりましたけど』(北山宏光)と、TOBEに所属するまでは同じ旧ジャニーズ事務所にいながら、ほとんど関係性がなかったことを明かした。しかしそんな自分が『話したことないのに自分が(『とべばん』の)MCやらなきゃいけなかったので、人としてのなりをなんとなく知らないと……と思って、ハワイで一緒に4人で食事行ったりしました』】

ファンの皆さんにとっては〝微笑ましい〟北山宏光のエピソードだが、テレビ界ではなぜか北山とNumber_iの関係性が取り沙汰され、岸優太は「北山宏光くんと親交が深い」と噂されるようになったというではないか。

『番組（『バズリズム02』）を見たらしい知り合いのディレクターさんから連絡があって、

「北山くんと仲いいんだって？ ツーショットで食事とか行ってんの!?」って言われたんですよ。

どこをどう切り取ったらそうなるのかな（笑）』〈岸優太〉

番組内で北山宏光は、Number_iとのハワイ食事会で――

『〝普段何食べるの？〟みたいな他愛のない、
入り口の小さいところを手前の扉からちょっとずつ開けていくみたいな』

――などと、ほとんど親交がない様子、（ハワイでの）気遣いについて発言したのみだった。

確かに岸優太の言う通り、この発言から「北山くんと仲いいんだって？ ツーショットで食事とか行ってんの!?」と理解するほうが不思議。

『ぶっちゃけ今も俺、北山くんの連絡先をかろうじて知ってるだけだし、
それもハワイに行ってから（連絡先を交換しただけ）の話。
ジンもドラマで共演したのは10年以上前で、
その頃のジンは子どもで食事になんか誘われない。
つまり俺らも北山くんとは〝面識があった〟レベルで、
（北山が話したことがなかった）紫耀とほとんど変わんない。
それなのに奇妙なことになっちゃって……』

――若干戸惑い気味の岸優太。

そんな岸優太が『奇妙なこと』と言うのは、Ｓｎｏｗ Ｍａｎの佐久間大介が――


『北山くんとの食事会をセッティングして！

宮田くんに頼まれたんだよ。

こっちは宮田くんと俺、そっちの人選は任せる』

――と連絡をしてきたことだった。


『宮田くんって、北山くんがＫｉｓ‐Ｍｙ‐Ｆｔ２時代に、
一番といっていいほど仲がよかったメンバーだよ。

北山くん、ＴＯＢＥに入ったときに電話番号変えちゃったみたいなんだよね。

それでたまたま北山くんが〝Number_iを食事に誘った〟って噂を聞いた宮田くんが佐久間くんに、

「（Number_iの）誰か連絡先を知っていたら、ミツと会いたいからセッティングして」

――と頼んできて、それが俺のところに来たらしい（苦笑）』

佐久間大介も宮田俊哉も旧ジャニーズJr.時代の先輩だし、無下には断れない。
しかし北山宏光に気安く連絡するのも『何か違う気がして』悩んだそうだ。

『佐久間くんから頼まれたのは（2024年）2月に入ってからだったけど、
まだ北山くんには連絡してない。
一応、紫耀とジンにも〝こんなことがあったんだけど〟って話してみたら、
2人とも「上手くごまかしてスルーしといたほうがいいよ」――って言うしさ。
ぶっちゃけ、面倒なことに巻き込まれそうな気がする（苦笑）』

――悪い予感ほど『当たる』と明かす岸優太。

『俺、昔からそうなんだよ。
なぜか悪い予感ばっかり当たるから。
それでトラブルを事前に回避する人生だったかも』

岸優太の言い分としては――

『北山くんがKis-My-Ft2のメンバーさんたちや、
（旧）ジャニーズ時代の人間関係を生かしたいなら、
電話番号を変えてもLINEとかのメッセージアプリは引き継いでおくはず。
連絡が取れないってことはアプリを消したんだろうから、
そこには北山くんにしかわからない理由がある』

――だろうと判断し、北山宏光に連絡（あるいは伝言）することを躊躇していたのだ。

『きっとそれが正解』と言う岸優太は、自身がKing & Princeを脱退した当時のことを思い出したそうだ。

『あのとき、やっぱりしばらくは廉と海人に連絡できなかったし、
北山くんにも北山くんの深い考えがあるはず。
それを外野の俺たちが、
〝セッティングを頼まれました～〟とか、
でしゃばるのは違くない!?』

さすが元King&Princeリーダーの岸優太。
そこまで気を回せる岸優太こそが、Number_iのバランサー的な立場でチームを引っ張ってくれるのではないだろうか。

岸優太と神宮寺勇太の〝084〟騒動

Number_iの結成が発表されてから2ヶ月弱、ファンの皆さんが一日も早い音楽活動の再開を待ち望んでいた2023年12月初め、岸優太と神宮寺勇太のあまりにも〝オヤジくさい〟SNS上でのやりとりが話題になった。

「最初は岸くんが朝の7時半頃、自身のXアカウントに〝084〟と数字のみをポスト（投稿）したんです。これは現在30代後半以降の〝ポケベル世代〟には一目瞭然で、〝お（0）は（8）よう（4）〟を意味する数字の語呂合わせ。1980年代後半から1990年代初頭、まだ携帯電話の料金が数秒間の通話で100円などとバカみたいに高い時代、一般大衆の連絡手段は〝ポケットベル（ポケベル）〟が中心でした。専用の電話番号にプッシュ式の電話機から電話をかけ、数字の語呂合わせやあらかじめ決めていた番号を送信すると、相手側のポケットベルにその数字が表示されるシステム。岸くんが使った〝084〟は、友人同士や恋人同士が朝のメッセージとして送り合う、当時最もポピュラーな語呂合わせ」（フジテレビ関係者）

この岸優太のポスト（投稿）が、今の世代には謎の投稿と映ったようで、すぐさま話題を呼び、「岸くん084」「岸優太ーX」などのフレーズがXでトレンド入りしたのだ。

さらに数時間後、岸優太は〝3614〟の数字を投稿。

〝084〟でピンと来ていたファンは、すかさず「次は〝寒い（361）よ（4）〟だ」「岸くん寒がってるの？」「岸くんが〝寒いよ〟って訴えてる」などの声が上がり、再び話題となった。

そんな岸優太の投稿を受けたのか、続いて神宮寺勇太が自身のInstagramストーリーズに岸とのツーショットを上げ、そこに〝084〟と落書き。

さらに――

『岸くんが〝寒い〟ってつぶやいてたけど室内です』

――と、岸優太が暖かい室内から〝3614〟と投稿していたことを暴露したのだ。

「この2人の連続投稿にファンは大喜びで、SNSには〝Wゆうた最高！〟〝お互いへの愛に溢れてる〟〝朝から元気出た〟と、大喜びの声が上がった反面、たぶんポケベル世代のファンからは〝むしろオヤジくさい〟〝この語呂合わせ、みんなは面白いと思ってるの？〟などと失笑含みの投稿も目立ちました。さらに〝公式のXアカウントを持っていない体の神宮寺くんが岸くんのXをイジるってことは、プライベートのXアカウントを持っている証拠。ちょっとガッカリした〟など、神宮寺勇太くん側を探る投稿もチラホラと目につきました」（同フジテレビ関係者）

とはいえ大半のファンは、2人の投稿を微笑ましく見守ってくれていたようだ。

『〝オヤジくさい〟って言われるのはちょっと心外で、
今でも数字の語呂合わせとかよく使ってるよ。
俺のまわりだけかもしれないけど。
それとＩｎｓｔａｇｒａｍストーリーズで反応してくれたジンだけど、あとで、
「岸くん、ファンのみんなとの距離が縮まったような感覚は受けたけど、
中には〝おはようぐらいちゃんと打て！ 3文字と4文字で1文字しか変わらないんだから〟って、
嫌な気持ちがする人もいるかもしれないから、
あまりたくさん使わないほうがいいよ」
――って説教された（苦笑）。
でもそれは１００％ジンの言う通りだし、
〝３６１４〟を送ったときは紫耀もいたんだけど、
紫耀は普通に「そうかな～」とか言ってた。
ジンは（Number_iの）最年少だけど、ウチらのお父さん的な立場で物事を見てくれている』

〝084〟騒動（?）を振り返ってそう語った岸優太。

〝Number_iのお父さん〟が説教（?）するのもわかるけど、たとえオヤジくさくても、岸優太には

これからもたまに〝ポケベル語呂合わせ〟を投稿して盛り上げて欲しい気もする。

ちなみに「おやすみ」は――『0833』――です（笑）。

岸優太が考える〝アーティストとしての義務〟

『〝やっと〟というよりも〝ようやく〟の気持ちが強いかな。
皆さんの中ではそんなに変わらない意味かもしれないけど、
単独表紙はずっと願ってきたことだからこそ、
俺の中では〝ようやく〟で、
「ようやく俺の番が来た！」って感じ（笑）』〈岸優太〉

フランス語の〝25才〟を意味する〝ヴァンサンカン〟をタイトルにした女性ファッション誌〝25ans（ヴァンサンカン）〟2024年4月号増刊で、単独では初めてのカバー（モデル）を務めた岸優太。

さらに独占インタビューの掲載も合わせ、「ハイエンドな岸優太」のコンセプトでその魅力が届けられた。

「なぜ〝ハイエンド〟なのかというと、ドルチェ&ガッバーナのジャケットをはじめとした数々のラグジュアリーブランド最新ルックを誌面で着こなしたからです。平野くんとも神宮寺くんとも違う、岸くんだけが醸し出すエレガントさに溢れていました」（雑誌編集者）

また同誌の公式ＩｎｓｔａｇｒａｍやＹｏｕＴｕｂｅでは撮影現場の様子も紹介されているが、そもそも25ａｎｓは今から44年も前の１９８０年４月に創刊された歴史ある女性ファッション誌。読者ターゲットを「社交界に身を置く20代以上のお嬢様」に置いていたらしいが、実際の購読者の平均年齢は30代半ばが中心となっているという。

１９９５年生まれで現在28才の岸優太は、メイン読者層よりもやや年下の〝可愛くて（仕事が）デキる後輩〟的なポジションにいるのかも。

『若い男の子向けのファッション誌で、
表紙や特集ページを組んでいただけたときとは違って、
（撮影）現場はピリッとした空気が流れる正反対の雰囲気。
スタッフさんも皆さんコンサバ系のファッションで、
ストリート系やギャル系ファッションの方が一人もいなかったから緊張した。
俺って現場の空気に飲まれるタイプだから（笑）』

25ansには2回目の登場となった岸優太だが、あまりの緊張に表情も固くなりがちだったとか。

『紫耀とジンのいない〝一人〟の空間だったからね。
隣スカスカなのは自分としてもムズ痒かった（笑）。
カメラマンさんは俺をリラックスさせようとしてくれていたけど、
その様子を遠巻きに眺める大人たちに緊張しまくりだったもん。
テレビ番組の収録はフロアのスタッフさんが演者を盛り上げようとバカみたいにハシャいだり、
めっちゃ大きなリアクションを取ったりするけど、
特に女性ファッション誌の撮影にはそういう役回りのスタッフさんがいない。
どっちが良くてどっちが悪いの話じゃなく、
だいたいは撮影が先でインタビューがあとになるから、
撮影でリラックスできたほうがインタビューでも口が軽くなる。
あれ？……〝軽くなる〟じゃなくて他に言い方なかったっけ!?』

――それを言うなら〝口がよく回る〟かも。

『ファンの皆さんに対する気持ちやNumber_iの活動について、
他には自分の理想の〝50年後〟の話とかさせてもらったけど、
インタビューでもお話しさせていただいた通り、
今の俺はかつてのKing & Prince時代から、
さらに進化した姿を見せられなきゃ意味ないし、
2025年のNumber_iは2024年のNumber_iよりも進化しなきゃいけない。
それはアーティストとしての義務。
ファンの皆さん、
応援してくださっているすべての皆さんに対する、
〝感謝の気持ち〟を形にしたものが「進化」だと思ってるんですよ』

King & Prince時代から――

『わざわざコンサート会場に足を運んで、
俺たちのコンサートを見てくださるわけだから、
最低でも（会場にいる）その時間だけは、
最高のパフォーマンスでおもてなしをしたいし、
楽しんでいただけないと申し訳ない。
これからもファンの皆さんに最高の時間を提供し、
また一緒にどんな時間を作っていけるかが重要。
そのためには進化が必要』

――と考えている岸優太。

『コンサート前は胃袋が口から飛び出しそうになるほど緊張を感じたこともあるけど、ファンの皆さんの声援を聞いたら不思議と胃袋が引っ込む（笑）。

やっぱり一心同体だからこそ、

俺が単独表紙で、しかもインタビューや特集ページが組まれていると、

素直に反応が気になる。

もちろん〝いい〟に越したことはない。

……まぁ、悪い意見をスルーするスキルも年々上がってるけどさ！』

岸優太、そしてNumber_iがこれからの活動を通して見せてくれる〝進化〟が楽しみだ。

岸優太、そしてNumber_iが"何よりも大切にしたいもの"

3月2日に生放送されたNHK総合テレビジョン『Venue101』。

かまいたち・濱家隆一と元乃木坂46・生田絵梨花がMCを務める音楽番組だが、この番組への出演をめぐり、Number_iは一部SNSで言われなきバッシングを受けてしまった。

『Venue101』については他のエピソードでも触れているので詳しくは繰り返さないが、バッシングを受けたおおもとの原因、それはこの番組が"5人のKing & Prince"最後のパフォーマンスを披露した番組（2023年5月19日出演）だったからだ。

「要するに5人のKing & Prince最後の出演とNumber_i最初の出演が〝同じ番組〟というのが、一部のファンには〝歓迎できない〟と炎上したのです」（NHK関係者）

これも他のエピソードで触れているが、NHKは2024年4月からスタートする2024年度の番組プログラム編成において、Eテレビジョン、BSプレミア放送、ラジオ第一放送から、合わせて旧ジャニーズ関連8番組の終了を宣言。2023年12月31日のNHK紅白歌合戦における〝旧ジャニーズ不出場〟も併せると、今後、旧ジャニーズ事務所ことSTARTO ENTERTAINMENTは、NHKから出禁を喰らったようなものなのだ。

「一部ファンが騒いだのは、〝5人のKing & Prince〟最後のテレビ出演とNumber_i最初のテレビ出演が同じ番組だったことに加え、4月以降にNHKから姿を消すSTARTO ENTERTAINMENT所属アーティストの代わりにNumber_iをはじめとするTOBE所属アーティストたちが幅を利かせるのではないかという不平不満です」（同NHK関係者）

　これについてはNHK側の肩を持つつもりはないが、喧嘩を売ったのは旧ジャニーズ事務所側であるとしか思えない。2023年の全アーティスト紅白歌合戦落選は故ジャニー喜多川氏の性加害が原因かもしれないが、その対応として、いくら〝ファンのため〟とはいえ、旧ジャニーズ事務所所属アーティストの多くがNHK紅白歌合戦の放送時間帯にネット配信を行ったのだから、NHK側としては「ファンサービスとはいえ、紅白歌合戦を裏番組扱いにして潰しにきた」と受け止めざるを得ないからだ。

　もっとも旧ジャニーズ事務所側の立場で見れば、2023年はフジテレビの判断で恒例のカウントダウンコンサート中継の中止が発表され、全国の旧ジャニーズ事務所所属アーティストのファンは、何とも味気ない、夢も希望もない大晦日を過ごすことになってしまいかねない。その事態を防ぐ最良の手段が生配信だったのだ。

この2月下旬、日本テレビは定例社長会見において、「(2023年)11月と比較すると、被害者への保障状況はかなり進んでいると判断している。4月以降の番組起用については検討段階に入った」と説明。さらに会見に出席した記者から「4月開始(の番組)に向けて一緒にやっていける手ごたえを感じているのか?」の質問が飛ぶと、「可能性はあります」と回答。4月からのキャスティングについては「まだ発表のタイミングを迎えていませんので、他の番組と同様に差し控えさせていただきます」と公表は控えたものの、その口振りから日本テレビが旧ジャニーズ事務所所属アーティストの本格復帰を後押しする様子が窺えた。

「民放はある程度はもとに戻りそうですが、NHKは絶望的。そんなテレビ界全体の動きが見え始めた中でのNumber_i『Venue101』出演が、一部ファンの神経を逆撫でしたのでしょう」

(同前)

このような状況について、Number_i最年長の岸優太は『Venue101』番組スタッフにこう語った——。

『なんとなく、何か言われそうな気はしてたけど、
俺たちには俺たちを愛し、ついて来てくれるファンの皆さんがたくさんいらっしゃるから、
こんなこと言うとまた炎上するかもしれないけど、
俺たちは俺たちのファンを楽しませる、喜ばせることしか考えてない。
だからSNSで何を言われようと、その気持ちだけは絶対にブレない。
もちろん自分たちの作品、音楽を一人でも多くの方に聞いてもらいたいよ。
でも何よりも大切なのは、現実的に今いるファンの皆さんなんだよね。
そして今までメゲずに頑張ってきた(旧)ジャニーズの先輩後輩には、
素直に「(番組復帰が見え始めてきて)よかったね」――と伝えたい』

――と、心の内を打ち明けたそうだ。

岸優太のこの想い、Number_iファンにも、(旧)ジャニーズの先輩後輩たちにも、きっと届くことだろう――。

岸優太 フレーズ

『今は自分の中の〝最も大切なものランキング〟1位は仕事だけど、いつの日か胸を張って〝自分自身〟と言えるようになりたい』

〝仕事イコール自分自身〟ではあるのだが、これは「プライベートを一番大切にしたい」などの陳腐な意味合いではなく、「自我を持って仕事をしたい。それこそが俺のプライド」――という岸優太の意思表明なのだ。

『最近、自己肯定感とか流行ってるじゃない？
俺が思う自己肯定感って、
自分のことを〝自分なんか○○〟みたいに卑下しないこと。
もちろん謙虚さは大事だけど、それは卑下とは違うからね』

自己肯定感とはルッキズムや能力を高めるものではなく、自分自身を卑下しない、謙虚でありながらも、ありのままを受け入れることなのだ。

『ハワイで（三宅）健くんに言われたんだけど、「岸もそろそろ力を抜くことを覚えて自分を甘やかせてやれ」──って、去年からずっと〝（どういう意味？）〟……と悩んでる（笑）』

何にでも全力投球の男、岸優太。しかしすべてを160㎞の全力ストレートボールで押しまくるのではなく、ときには変化球やスローボールを投げることも大切。三宅健はそう言いたかったのでは？

『ちょっと〝失礼〟だと感じる人もいるかもしれないけど、
俺は基本、まわりの言動をあまり期待しないようにしている。
ある意味、自分が出す結果についても（苦笑）』

期待されることは嬉しいが、でもその期待に応えられなかったときに感じさせる失望感は大きい。それを知っている岸優太だからこそ、まわりに期待しないイコール〝プレッシャーを与えたくない〟意味なのだ。

『今ってさ、何でもコスパやタイパの時代じゃん？
でも俺には、あえて無駄になることを承知したうえで、
最短とか近道とか効率を考えずにやりたい衝動がある』

誰だって物事を成し遂げるまでの道は短いに越したことはないし、
時間だってかからないほうがいいに決まっている。しかし本当に
納得ができる作品は、ジックリとコツコツ作り上げるもの。
岸優太はそう考えている。

『辛いとかしんどいとか大変だっていうのは、
実際に誰かと比べられるものじゃない。
相手の気持ちになるっていうのは、
辛さを比べることじゃない』

目指す生き方や道のりには困難がつきものだが、たとえばNumber_iの3人でさえ、同じレッスンを受けていても感じる辛さやしんどさのレベルは異なるはず。岸優太は『自分が感じる辛さやしんどさは誰かと比べられるものではないのだから、そこに自分の気持ちを向ける必要はない』――と考えている。

『俺のつたない経験からみんなに言いたいのは、
「結局、周囲は〝自分たちの見たいようにしか見てこない〟んだから、
自分の好きな道を好きなように進むほうが正解」――ってこと』

まわりの意見に耳を傾け、自分たちの活動に反映させることはとても大切。だがその反面、まわりの意見に惑わされたり振り回されたりすることもある。岸優太はだからこそ、基本的には〝自分の好きな道を好きなように〟進みながら、まわりの意見にも耳を傾けたいと話す。

『いつかまわりが俺たちに合わせる、
何でも適応してくれるような存在になりたい。
それは偉そうにワガママ放題って意味じゃなく、
どんなにスベりそうなアイデアでも面白がって採用してくれるような、
そんな実力をつけたい。
トライやチャレンジする前に却下されたくないから』

自分たちが努力もせず、それゆえに結果も出せない人間に限って、その責任をスタッフに押しつけるもの。少なくとも岸優太は、Number_i はそんなことはしない。その代わりといっては何だが、自分たちのやりたいこと、やっていることを面白がってくれるスタッフに集まってもらいたい。何にでもポジティブにトライしたいから。それが Number_i の目指す方向性なのだ。

エピローグ

Number_iが所属する〝TOBE〟の戦略の一つに、2023年11月25日に初回YouTube生配信が行われた『とべばん』がある。

「三宅健くん、北山宏光くん、Number_i、IMP.、大東立樹くん、オーディション生（研修生）ら、TOBE所属アーティストが一堂に会する2時間弱の生配信。三宅健くんや北山宏光くんが行っている個人生配信とは違い、ロケVTRやひな壇トークなどを中心とした、まるでテレビのバラエティ番組。しかも進行役MCの北山宏光くんは経験値も実力も高いので、そのまま地上波でオンエアできるレベルの配信です」（人気放送作家）

さらにいえば初回の11月25日はともかく、2回目の配信が12月24日のクリスマスイブ、3回目の配信が2024年2月14日のバレンタインデーと、何よりもヲタクを喜ばせるスケジューリングには、〝さすが滝沢秀明社長！〟の反響が集まった。

さて、そんなTOBEアーティスト総出演の『とべばん』を仕切る北山宏光だが、音楽番組『バズリズム02』に出演した際、Number_iメンバーとの興味深い関係性を明かしてくれている。

「番組内に〝北山宏光の超近況フォトギャラリー〟と題した公私にわたる近況写真を公開するコーナーがあったのですが、その写真の中にNumber_iメンバーと開いた食事会の写真があったのです」（同人気放送作家）

『とべばん』MCの北山だが、Number_iのメンバーについて——

『岸くんとは『24時間テレビ』を一緒にやらせてもらったりとかありましたけど、平野は本当に喋ったことがない。神宮寺は一緒にドラマ（『幽かな彼女』フジテレビ系）とかやりましたけど』

——と、TOBEに所属するまでは同じ旧ジャニーズ事務所にいながら、ほとんど関係性がなかったことを明かした。

しかしそんな北山だが――

『話したことないのに自分が（『とべばん』の）MCやらなきゃいけなかったので、「人としてのなりをなんとなく知らないと」――と思って、ハワイで一緒に4人で食事行ったりしました』

「北山くんがKis-My-Ft2のメンバーとしてデビューしたとき、まだ入所していなかった平野紫耀くんはもちろん、入所して2年のJr.だった岸くん、1年目の神宮寺くんにとっても雲の上の存在に近い先輩ですからね。彼らがJr.時代に、北山くんとフランクに言葉を交わすほうがおかしい」

（同前）

そして番組MCのバカリズムに「最初に何を喋ったんですか?」と食事会での会話について問われると北山は――

『「普段何食べるの?」みたいな他愛のない、入口の小さいところを手前の扉からちょっとずつ開けていくみたいな会話』

――と、北山宏光とNumber_i、お互いにめちゃめちゃ気を遣い合っていたことを振り返ってくれた。

さて話を『とべばん』に戻すが、『とべばん』がこれだけ注目を集めているのは、地上波バラエティの特番を思わせる構成になっていることに加え、初回からKOSEとスシローが公式スポンサーとして協賛するなど、大企業との本気コラボが実施されている点で、第3回にはなんと、あのサントリーまで絡んできている。

サントリーといえば、2023年9月7日に行われた旧ジャニーズ事務所の記者会見直後、どこよりも早く〝反ジャニーズ〟の姿勢を露にしたスポンサー企業。そのサントリーが平野紫耀を自社製品の広告キャラクターに起用したことは、TOBEに対しては一変して支持の姿勢を打ち出しているに等しい。

「『とべばん』以前、YouTube発の配信番組は地上波ではオンエアできない過激な内容であったり、地上波に出演できなくなった芸能人の受け皿になっていました。さらにはスポンサーも、どちらかといえばネット系の新興企業が多かった。ところが『とべばん』はTOBE所属アーティストの番組とはいえ、それまでのYouTubeの常識をいい意味で覆してくれた。この『とべばん』が時代の大きな転換点になる可能性が高いし、現に〝手探り〟の初回でも同時接続の視聴者数は30万人を超え、番組ハッシュタグの〝#TOBE_とべばん〟はXのトレンドで世界1位になりましたからね」(同前)

またNumber_iファン、TOBEファンのSNS投稿で印象的なのが、YouTube生配信のキャプチャはもちろん、動画のアップロードも多数見ることができる点だ。

旧ジャニーズ事務所ではキャプチャ写真ですら厳しく禁止あるいは制限されていたが、TOBEは2023年9月の時点でTOBEオフィシャルやアーティストが発信した画像や動画をファンが個人のSNSに投稿することに対し、著作権侵害を主張しないことを明確に宣言。旧ジャニーズ事務所の厳しいネット上の写真利用禁止のルールから考えると、180度転換ともいうべき宣言をしていることになる。

「TOBEのファンの中には、旧ジャニーズ事務所時代から応援しているアーティストのSNS応援が解禁された関係で、SNSで応援する方法をファン同士でお互いに教え合ったりするなどして、SNS投稿の仕方を学んでいる方も少なくないと聞いています。またその結果、たとえば『とべばん』初回スポンサーのKOSEやスシローのような企業側から見ると、YouTubeの同時接続視聴数やアーカイブ再生回数以上に、ファンによる切り抜き動画や写真で自社商品が拡散される効果も期待できる」（同前）

クリスマスイブ、バレンタインデー、そしてホワイトデーはオールＴＯＢＥコンサート『ｔｏＨＥＲＯｅｓ』東京ドーム４Ｄａｙｓ初日。

次々と〝新機軸〟を打ち出すＴＯＢＥとNumber_i。

今後のNumber_i、ＴＯＢＥ、そして『とべばん』のさらなる展開から目が離せない——。

NUMBER_i x REAL_i

〔著者プロフィール〕

石井優樹（いしい・ゆうき）

学生時代のADアルバイト経験を活かし、テレビ番組制作会社に入社。以前、週末に生放送されていた某情報番組でプロデューサーを務めていた。(旧)ジャニーズ関連のバラエティ番組に携わると、現場マネージャーとの交流を通して(旧)ジャニーズ事務所や(旧)ジャニーズアイランド社、TOBE社の内部事情に精通。テレビ業界を通じて得た豊富な知識と人脈を活かし、現在は芸能ジャーナリストとしての活動も行っている。

主な著書に『Number_i —新たなるステップ—』(太陽出版)がある。

Number_i —等身大の3人—

2024年3月22日　第1刷発行

著　者…………… 石井優樹

発行者…………… 籠宮啓輔

発行所…………… 太陽出版

〒113-0033 東京都文京区本郷3-43-8-101

電話03-3814-0471/FAX03-3814-2366

http://www.taiyoshuppan.net/

デザイン・装丁… 宮島和幸（KM-Factory）

印刷・製本……… 株式会社シナノパブリッシングプレス

ISBN978-4-86723-160-9

Number_i
×
Real_i

◆ 既刊紹介 ◆

Number_i
―新たなるステップ―

石井優樹［著］ ¥1,500円+税

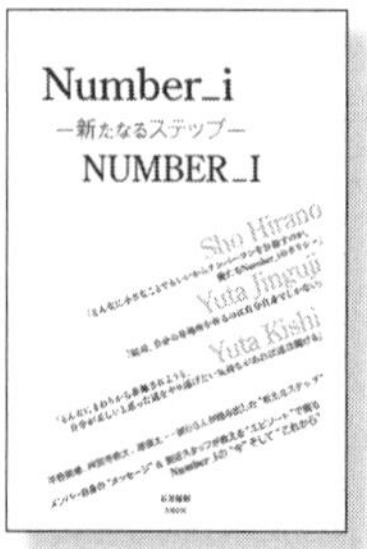

『どんなに小さなことでもいいからナンバーワンを目指すのが、俺たち Number_i のポリシー』〈平野紫耀〉

『結局、自分の居場所を作るのは自分自身でしかない』〈神宮寺勇太〉

『どんなにまわりから非難されようと、自分が正しいと思った道をやり遂げたい気持ちがあれば、道は開ける』〈岸優太〉

平野紫耀、神宮寺勇太、岸優太――彼ら3人が踏み出した“新たなステップ”
メンバー自身の“メッセージ”＆側近スタッフが教える“エピソード”で綴る
――Number_i の“今”そして“これから”

【主な収録エピソード】

・Number_i 3人の背中を押した滝沢秀明の言葉
・平野紫耀が SNS で見せる“新たな一面”
・平野紫耀のインスタライブへのこだわり
・平野紫耀の“ダンス愛”
・平野紫耀が見せる“ワイルドな姿”
・目黒蓮と Number_i “不仲説”の真相
・“平野紫耀と永瀬廉の確執”――噂の真相
・神宮寺勇太が実感する“Number_i として踏み出した”新たなステップ
・神宮寺勇太の“新しい夢”
・神宮寺勇太が今改めて挑戦したい仕事
・インスタライブで見せた神宮寺勇太と平野紫耀の“絆”
・神宮寺勇太が“ポテンシャル全開”するとき
・『とべばん』配信――TOBE、そして Number_i の勢い
・岸優太が神宮寺勇太に送った“遅すぎる”誕生日メッセージ
・岸優太“ロゴ騒動”プチ炎上
・平野紫耀がハマる“岸くん構文”
・“岸優太 vs 永瀬廉”の主演作争い
・岸優太“非モテ”カミングアウト！

◆ 既刊紹介 ◆

キンプリの“今”“これから”
―真実のKing & Prince―

谷川勇樹［著］ ¥1,400円+税

『自分の決断や行動、したことに後悔はしない。
しようと思ってしなかったこと、できなかったことは後悔するけど』〈平野紫耀〉

『“勝てないなら走り出さない”
――そういう選択肢は俺にはなかった』〈神宮寺勇太〉

『これから先、俺は俺の選んだ道の上で、
新しい人生や運命に出会うかもしれない。
少なくともそう信じてる』〈岸優太〉

メンバー自身の「本音」＆側近スタッフが教える「真相」の数々を独占収録!!
―“真実の King & Prince”がここに!!―

【主な収録エピソード】

・脱退メンバー３人と岩橋玄樹の本当の関係
・岩橋玄樹とメンバーとの“真の友情”
・滝沢秀明と平野紫耀の間にある“因縁”
・“３人の脱退と退所”――事務所サイドからの見解
・King & Prince がデビュー以来直面した“確執”と“葛藤”
・平野紫耀自身が語った“縦読み騒動”の真相
・中島健人が明かした“平野紫耀との関係”
・平野紫耀が賭ける“一発勝負”
・本音を語った永瀬廉の“正直な想い”
・永瀬廉の“ファンを一番に想う”気持ち
・髙橋海人が極める“男性が憧れる”アイドル
・“５人の King & Prince”として叶えた髙橋海人の夢
・“アイドル” 髙橋海人の揺るぎない決意
・岸優太の“ちょっと変わった”ルーティン
・連ドラ単独初主演に懸ける岸優太の想い
・神宮寺勇太がドラマ出演で学んだ“仕事に対する姿勢”
・“５人でいる時間を大切にしたい”――神宮寺勇太が語った本音

◆ 既刊紹介 ◆

TEAM Snow Man

Snow Man

池松 紳一郎［著］ ¥1,500円+税

【主な収録エピソード】

・“いわこじ”コンビに入った大きな亀裂!?
・Snow Manで“一番漢気がない”メンバー・深澤辰哉
・ラウールと目黒蓮が積み上げていく“それぞれの道”
・渡辺翔太が意識する“ADULTなイケメン”
・向井康二、突然の“卒業宣言”！
・クイズ王とともに目指す阿部亮平の目標
・目黒蓮と舘様の共通点とは？
・岩本照・深澤辰哉・宮舘涼太、3人チームが生み出す“新たな化学反応”
・佐久間大介の意外なヲタ友交遊録

【メンバーメッセージ】

『これまで以上に成功することが、滝沢くんに対する恩返し』〈岩本照〉

**『今、俺は紛れもなくSnow Manのメンバーで、
Snow Manは俺の誇り』**〈深澤辰哉〉

『自分たちの信念や目標だけは曲げずにいきたい』〈ラウール〉

**『すべてにおいてSnow Manというグループにいることが、
俺の人生のモチベーション』**〈渡辺翔太〉

**『Snow Manに入ってから思ってんのは、あえて頑張りすぎないこと。
無理をしすぎて頑張ったら潰れるだけやん』**〈向井康二〉

**『人間の強さって、決して個人だけの強さじゃない。
強い人、弱い人が集まって助け合い、チームで強くなればいい』**〈阿部亮平〉

**『自分のやりたいことをやっていけばいいし、
そうすることで“自分のため”の人生を生きることもできる』**〈目黒蓮〉

『俺たちはいつも9人で一丸となって前に進んできた』〈宮舘涼太〉

**『6人時代も9人時代も
“すべてがSnow Manだな”って今はすごく感じてる』**〈佐久間大介〉

Snow Manメンバー自身が語る“メッセージ”
知られざる“エピソード”多数収録!!